AF878051

El presente libro es una versión facsimilar de la edición original de El Colegio de México, que ha sido rescatada mediante un trabajo profesional de escaneo para mantener la obra en circulación.

HOMENAJE A TOMÁS SEGOVIA:
MAESTRO, ENSAYISTA, TRADUCTOR Y SOBRE TODO POETA

Homenaje a Tomás Segovia: maestro, ensayista, traductor y sobre todo poeta

Colección Testimonios

EL COLEGIO DE MÉXICO

M861.609
S4549h

Homenaje a Tomás Segovia: maestro, ensayista, traductor y sobre todo poeta / Luzelena Gutiérrez de Velasco, compiladora. -- 1ª ed. -- México, D.F. : El Colegio de México, 2014.

146 p. ; 21 cm. -- (Colección Testimonos)

ISBN 978-607-462-647-6

1. Tomás Segovia, 1927-2011 -- Crítica e interpretación. I. Gutiérrez de Velasco, Luzelena, comp. II. ser.

Open access edition funded by the National Endowment for the Humanities/Andrew W. Mellon Foundation Humanities Open Book Program.

Ramón Gaya retrató a Tomás Segovia en varias ocasiones con diferentes técnicas. El dibujo que aparece en la portada de este libro fue hecho a lápiz en 1949. Lo reproducimos gracias a la generosidad de Isabel Verdejo, a quien los amigos llamamos Cuca Gaya, como la llamaba Tomás. A ella y a él, a "los Gaya", nuestro más profundo agradecimiento.

Primera edición, 2014

D.R. © El Colegio de México, A.C.
Camino al Ajusco 20
Pedregal de Santa Teresa
10740 México, D.F.
www.colmex.mx

ISBN 978-607-462-647-6

Impreso en México

ÍNDICE

PRESENTACIÓN[1]

A fin de celebrar la vida y obra de Tomás Segovia (1927-2011), hemos reunido en estas páginas las contribuciones de los colegas, amigos y estudiosos de su producción literaria. Estos trabajos conformaron el homenaje que se le ofreció a Tomás Segovia el 28 de agosto de 2012, en la Sala Alfonso Reyes de El Colegio de México, en recuerdo de su destacada trayectoria humana y literaria. Quedan en estos textos los testimonios y análisis que demuestran la firme huella del legado del maestro, ensayista, traductor y sobre todo poeta que fue Tomás Segovia.

Además del testimonio aportado en estas páginas se manifiesta también la persistencia de la voz de Segovia, un intelectual de la generación hispanomexicana que supo reunir en sí mismo diversos intereses y enseñó a pensar a todos los que fueron atraídos por su palabra. No cabe duda de que su obra permanece, y Tomás continuará introduciéndonos en un tiempo apalabrado.

[1] Agradecemos la colaboración de María José Ramos de Hoyos y Cándida Díaz Pérez en la edición de este libro.

TOMÁS SEGOVIA Y SU ECO

Luzelena Gutiérrez de Velasco
El Colegio de México

Vamos a imaginar que Tomás Segovia sigue ahora con nosotros. Vamos a pensar que sólo se fue de viaje y que volverá pronto. Porque Tomás nos acostumbró a las despedidas, con una sonrisa, con una risa y un guiño que podía significar "hasta muy pronto". En las últimas ocasiones en que nos encontramos, se trató de la posibilidad de un homenaje en vida y él lo rehuyó, posponiéndolo para otro viaje; "ya veremos, ya veremos", lo que con sus métodos de traducción se podía entender como un dulce no, con sonrisa y todo. Ahora la realidad nos reúne en torno a su memoria y nos disponemos a agradecerle a Tomás sus enseñanzas y su amistad. Sabemos que es difícil cubrir en un solo día de exposiciones y recuerdos todos los aspectos que reunió la persona de Tomás Segovia: el hombre, el profesor, el editor, el ensayista, el narrador, el traductor, el bibliófilo, el poeta, sobre todo el poeta. Por ello decidimos, y lo digo en plural, porque con la colaboración emocionada y cariñosa de Francisco Segovia y de María Luisa Capella, a quienes les agradezco su colaboración, decidimos dividir este homenaje de acuerdo con algunas de las obsesiones, pasiones y gustos de Tomás, de acuerdo con los campos en los que realizó contribuciones valiosas en el mundo de la literatura, de la cultura y de la enseñanza, en suma del conocimiento y de la vida. Nos propusimos reunir un nutrido grupo de amigos y admiradores, de lectores y testigos de la producción de Tomás. En este proceso de rememoración, descubrimos que mostrar algo de la riqueza creativa de su vida nos dispone a abrir múltiples ventanas por las que poco a poco va entrando luz hasta iluminarnos, hasta situarnos no frente a soluciones sino ante la problematización clara de temas que por lo general se ofrecen como objetos de aparente resolución. La visión de Tomás planteaba aspectos complejos de los estudios lingüísticos, literarios y traductológicos, así como conformaba núcleos donde se resumían debates fundamentales: cuestiones de sentido y significación, problemas de métrica en la poesía en español, secretos de los exiliados y muchos otros temas.

Decidimos entonces realizar un homenaje en El Colegio de México, porque Tomás desarrolló en esta institución muchas de sus posibilidades y compartió con nosotros sus conocimientos, su creatividad y su entrega a la literatura y la traducción. Tras sus estudios como maestro en Lengua y Literatura españolas en la Facultad de Filosofía y Letras de la UNAM, solicitó ser incorporado como becario en El Colegio de México. Alfonso Reyes lo recibió de 1952 a 1953 para apoyar a Raimundo Lida en investigaciones sobre el clasicismo y la versificación en español, sobre temas de la mitología en Lope y Calderón. En su solicitud había sido apoyado por intelectuales como Carlos Prieto, José Luis Martínez, Eugenio Imaz y Amancio Bolaño. Fue editor y publicista desde 1956 a 1963. Años después, en 1969, se reincorporó a El Colegio como responsable del seminario de traducción y fue el impulsor de la fundación del Programa para la Formación de Traductores (PFT), antecedente de la actual Maestría en Traducción en el CELL. Más tarde en el año 1973 se planeó que llevara a cabo un viaje para visitar diversos centros de enseñanza de la traducción en Washington, Ottawa, Quebec, Londres, París, Heidelberg y Milán con el objeto de conocer los métodos y programas de estudio. En toda esa etapa estrechó una fuerte amistad con Antonio Alatorre por su coincidencia en el estudio de temas sobre lingüística y sobre poética.

Sus experiencias anteriores en la Dirección de la Casa del Lago y en la *Revista Mexicana de Literatura* lo habían conducido a una reflexión disciplinada y profunda en torno a la cultura en México, a los problemas de la lengua y el habla, de la traducción. En el año de 1970 fue ya profesor-investigador y se haría cargo de los cursos sobre estructuralismo y poesía. Sería también asesor del Diccionario del Español de México (DEM).

En la generación (1975-1978) se reencontró con nosotros ya en el Ajusco como profesor del curso sobre poesía mexicana. Regresaba de los Estados Unidos tras tomar una licencia para enseñar en tierras del norte, en Princeton. De esa época, recuerdo con afecto los trayectos desde la glorieta de Insurgentes, calle de Medellín, hasta el Ajusco en el automóvil amarillo de Aralia López, que nos conducía a Tomás y a mí a El Colegio. Aralia acababa de aprender a manejar, por lo que Tomás no paraba de hablar en todo el trayecto para que mantuviéramos la calma. Conversaba sobre la poesía y los poetas, sobre la vida cultural mexicana. Tuvimos por ello, las dos, una clase amplificada, una clase especial para nosotras durante los aventureros trayectos. Y ya en los salones de clase nos enseñó a leer a López Velarde desde otra perspectiva. Nos hizo recuperar al poeta de la "Suave Patria". Aprendimos no sólo a conocer a otros poetas, sino a releer con Tomás a los mejores escritores de la poesía mexicana: a Villaurrutia, a Cuesta, a Owen, a Gorostiza que, por cierto, había firmado como subsecretario de la SRE el acta de mexicanización de Tomás en 1960. Nos enseñó también el peso y valor de las "palabras de la tribu" y nos indujo a la revisión de poetas como Rimbaud, Nerval, Rilke. Con él nos adentramos en los estudios de la rima y la métrica; nos entusiasmamos por conocer más sobre nuestra lírica. Tiempo después, Tomás Segovia inició en El Colegio de México su famoso seminario "De mi ronco pecho...", donde tuvimos el privilegio de oírlo pensar y reflexionar sobre muy diversos temas de la poética, sobre el exilio, sobre la vida; fueron ejercicios de reflexión que se transformarían en múltiples ensayos escritos en esa época, plasmados en su enorme *Poética y profética*, libro inencontrable que sin duda deberá ser reeditado por el FCE y El Colegio de México para las nuevas generaciones de estudiosos. En ese seminario se reunieron con Tomás los jóvenes que serían, años después, los importantes editores, poetas, narradores, lingüistas que conocemos: José Ma. Espinasa, Fabio Morábito, Carmen Boullosa, Aurelio Asiain, Ricardo Maldonado, Francisco Segovia y otros más. Tomás era un maestro generoso que se detenía para aconsejarnos y sugerirnos lecturas, problemas de interpretación, perspectivas múltiples. Todavía, a veces cuando entro al cubículo del Dr. James Valender, creo reconocer el eco de la voz de Segovia que permanece en los resquicios de la memoria. Algo de su temple y energía poéticos flota por allí y tal vez inspira secretamente al profesor inglés-mexicano. Otro aspecto que debemos rescatar en nuestro ámbito es la fuerza de Tomás Segovia como traductor incansable, maduro y retador. Son numerosas las traducciones que le agradecemos a su esfuerzo, a su indeclinable ejercicio (Ungaretti, Jakobson, Serge, Lacan, Shakespeare, etc.; poesía, filosofía, lingüística, psicoanálisis, teatro). Tradujo siempre y, lo más importante, reflexionó constantemente sobre los problemas de la traducción, sobre la importancia de la norma y la perfección en la expresión, sobre la dignidad del oficio-arte de la traducción y, por supuesto, en contra del autoritarismo del DRAE, del purismo a ultranza, de la falta de flexibilidad. Fue un apasionado del español de América. Por ello celebramos la creación del Premio para Traductores Literarios en su nombre por Conaculta. Tendremos que recordar también aquí su cuidada prosa, su epistolario, sus cuentos, su novela epistolar en la que se atreve a aproximarse a la sensibilidad de las mujeres.

Poco he mencionado sobre Tomás, el poeta. En su poesía enigmática y vital, encontramos los trazos de la naturaleza, las pulsaciones que nos conminan a replantearnos el amor, la tristeza, la seducción, el erotismo, la muerte como temas fundamentales que él transforma porque los construye desde el dominio de la palabra, de la reconducción de la vida en cada verso, en cada rima, en cada metáfora, en cada imagen. No es un poeta complaciente sino un poeta esmerilado, que nos legó textos de gran hermosura como los de *Apariciones* (1957), *El sol y su eco* (1960), *Terceto* (1972), *Anagnórisis* (1960) y *Aluvial* y muchos otros.

Agradezco a todos los colaboradores su contribución a este homenaje, y a Micaela Chávez, Lourdes Quiroa y Camelia Romero por haber organizado la excelente exposición de los materiales fotográficos y bibliohemerográficos que se exhibieron durante el homenaje. A Rafael, Inés, Ana y Pancho, a María Luisa Capella, que compartieron con nosotros estos testimonios les expresamos nuestro especial agradecimiento.

Reconocemos a la familia toda por confiar en El Colegio de México y depositar en la Biblioteca Daniel Cosío Villegas la riqueza del archivo personal de Tomás, que será fuente de estudios sobre su obra y su época.

Y para concluir, convoco la palabra del poeta, de Tomás y su eco, su "aura":

Desbordan ya las sombras sordamente
y el día palidece
como ante un gran peligro.
Un puro resplandor sin cuerpo
perdidamente alumbra
su final soledad.

Nada tiene ya el día, es sólo suyo,
su sola realidad es su hermosura.

Lo demás se derrumba y sólo vive
su desasida desnudez sin gesto
que en nada puede proseguirse.
Lo que él era en sí mismo a solas muere.
Toda su vida era su hermosura:

mortal aura escondida,
sólo la muerte enseña su medida.

ARCHIVO TOMÁS SEGOVIA

María Luisa Capella

Agradezco a la Dra. Luz Elena Gutiérrez de Velasco la oportunidad de estar aquí y, en nombre de los hijos de Tomás y en el mío propio, le agradezco asimismo la iniciativa de organizar este homenaje a Tomás Segovia en la que fuera "su casa" durante tantos años.

Y como de agradecer se trata, voy a citar aquí las primeras líneas del discurso de presentación que Antonio Alatorre hizo de Tomás cuando le concedieron el Premio Juan Rulfo. Las cito por dos razones: una, para tener a Antonio aquí entre nosotros hoy y, otra, para hacer uso, y tal vez abuso, de esas líneas que sé que fueron muy de verdad y por eso las elijo.

Decía Alatorre en esa ocasión:

> Es un gran honor para mí [...] estas seis palabras habrán sido seguramente el comienzo de centenares de miles, millones quizá, de alocuciones y discursos, sinceros algunos, otros insinceros. En todo caso "es un gran honor para mí" ha degenerado en fórmula retórica, frase de cajón, cosa hueca. Y sin embargo, ¡lo que es la tenacidad de los lugares comunes, su enorme fuerza de inercia!, debo confesar que fueron esas seis palabritas las que me vinieron a la cabeza en el momento de ponerme a escribir esto que estoy leyendo. Y es que es verdad, así es: me siento honrado, privilegiado, feliz porque he sido escogido para hablar aquí sobre Tomás Segovia.

Si esas seis palabras han "degenerado en frase de cajón, cosa hueca", imagínense lo que sucede con el lugar común más común de todos los lugares comunes que es decir "muchas gracias". ¿Cómo trasmitir el agradecimiento verdadero que Rafael, Inés, Ana, Francisco y yo tenemos con El Colegio de México, y muy especialmente con su presidente, el Dr. Javier Garciadiego?

Muchas gracias, Dr. Garciadiego, por la disposición, la celeridad, la eficacia y la amistad para eliminar las piedras del camino que suele haber en estos procesos, y poder hacer posible que el archivo y los libros de Tomás puedan quedar en esta Casa, que es lo que Tomás hubiera querido. Agradecemos también a Conaculta, a su presidenta Consuelo Sáizar, por el traslado desde España a El Colegio de México del archivo de Tomás Segovia.

Por dar unas breves pinceladas sobre este archivo en el que está reflejada gran parte de la vida de Tomás, les diré que además de los manuscritos de su poesía, de sus ensayos, de sus cuentos, de sus novelas, de sus obras de teatro, de sus cartas cabales, de sus traducciones, etc., están los cuadernos, sus "diarios", con reflexiones hechas desde que los empezó a escribir, muy joven, y que mantuvo toda su vida con una gran intensidad —de la que tan atinadamente ha escrito Daniel González Dueña—, manuscritos que han formado después la edición de *El tiempo en los brazos*, cuyo segundo tomo está por salir gracias a los esfuerzos de José María Espinasa.

Entre la correspondencia que se conserva están las cartas de sus amores, Michélle, Inés…, de sus hijos, de sus hermanos, de sus amigos como Ramón Gaya, Juan Vicente Melo, Jean Jacques Peccasous, de Martha Verduzco (que generosamente le envió a Tomás en vida las que ella tenía), Alicia Pardo, Rosa Camelo, Chini Vilches, Juan Pascoe, Tito Monterroso. De sus colegas y también amigos como Antonio Alatorre, Luis Fernando Lara, Margit

Frenk, Ramón Xirau, Alejandro Rossi, James Valender, Juan Marichal, Luis Cernuda, de Raimundo Lida, por mencionar a algunos de El Colegio; de otros ámbitos, como las de Todorov, de Le Clézio, de Camus, de Henri Meschonnic, de Seamus Heaney, de Octavio Paz, de María Zambrano, de Emilio Prados, de José Bergamín, de Jorge Guillén, de Lacan, de Cortázar, entre muchísimos otros. O de integrantes de su propia generación de aquí y de allá, mexicanos y españoles, y de las generaciones más jóvenes con las que a él le gustaba tanto estar y que sería demasiado prolijo mencionar.

Podemos acercarnos a sus dibujos a lápiz, a sus retratos, algunos hechos precisamente en las reuniones de El Colegio de varios de sus integrantes —se reprodujeron, por cierto, en uno de los boletines. Nos podemos asomar a los diseños de sus casas, o sus planes del Taller del poeta, a sus grabados, sus felicitaciones de Navidad; a las muestras de su afán "talachero", como los sobrecitos que hacía para salvar algún libro del deterioro; grabaciones de sus cursos y sus entrevistas; lo que él llamaba "burrocracia": actas, pasaportes, constancias, participaciones en diversos actos; hay información y prensa de los premios recibidos.

Muchas fotos, de todos los momentos de su vida privada y pública, de muchos fotógrafos conocidos o no tanto, como las muchas de Juan Ballester, amigo murciano, y otras tantas del doctor Haroldo Díes (la que encabeza la exposición en El Colegio de México es de él), de quien Tomás decía que no sabía bien si Haroldo era su "amigo de cabecera o su médico del alma"; siempre que lo necesitó, estuvo ahí.

Están aquí también, en la Biblioteca Daniel Cosío Villegas (no podrían haber encontrado mejor cobijo), sus libros: los de su autoría y los de otros; sus lecturas, aunque algunas se quedaran en el camino —no olvidemos que Tomás era un nómada. Algunos de los libros con anotaciones y otros con dedicatorias de Todorov, Le Clézio, Camus, Meschonnic, Allen W. Phillips, Giorgio Agamben, Cernuda, Paz, María Zambrano, Emilio Prados, Rafael Cadenas, Eugenio Montejo, entre otras muchas como las de los integrantes de esta comunidad que es El Colegio.

Porque todo esto y más pueda conservarse y servir, como sería el deseo de Tomás, para consulta de todos, de nuevo nuestro agradecimiento.

Uno de los manuscritos de su poesía que está en el archivo es el "Decimotercer rastreo", escrito tras conocer la noticia de la muerte de Antonio Alatorre. Cuando me lo leyó —como hacía siempre que terminaba un poema—, me "significó" mucho… ahora me dice mucho más y por eso quiero terminar con su lectura.

DECIMOTERCER RASTREO

Qué difícil nos es en la desgracia
En la lealtad que ella nos pide
No traicionar airados casi
Esa otra lealtad en la que estábamos
Como si así solicitados
Por esta gravedad de ahora
Nos fuese necesario ocultar que tuvimos
En otro sitio en otro tiempo
Una vida con luz

Pues la desgracia exige lealtad
La desgracia está quieta
Y tiene fija la mirada

Hace de todo lo que brilla afuera
Un frívolo pecado
Nos calma y nos aquieta
Nos da una certidumbre amarga y sólida
Que no se deja compartir con otras certidumbres
Nos tiene resguardados a salvo del peligro
De todas las empresas en que entremos
Y casi nos consuela de tener que vivir
La desgracia no quiere ser una circunstancia
Quisiera ser un cumplimiento
Ser nuestra paz final sin ser la muerte
Ser nuestra casa de una vez por todas
Nos quiere persuadir de que ella sola es toda
La reconciliación que nos ha de ser dada
De que ella es el regazo de todos los regazos

Y así es como ella reina taciturna
No podemos negar que somos suyos
No nos es dado traicionarla
Echarnos hacia atrás
Para volver a abrir al aire libre
Como una limpia vela los pulmones

Y sin embargo a la vez no podemos
Traicionar esa otra lealtad
Que sólo queda atrás por venir antes
Aunque es preciso en la desgracia
No mirarla no hablarle no tocarla
Sabiendo que no es fácil ser leal
Cuando damos la espalda

Pero a la vez sabiendo
Que sólo será limpia la lealtad a la luz
Si hemos sido leales también a la desgracia.

8-19 de octubre de 2010

MEMORIA GOZOSA DE TOMÁS SEGOVIA

YVETTE JIMÉNEZ DE BÁEZ
El Colegio de México

¡Amor,
contigo y con la luz todo se hace,
y lo que hace el amor nunca se acaba!
JUAN RAMÓN JIMÉNEZ, *Espacio*

Y así por siempre lo que deja dicho
con la sed de decir seguirá ardiendo.
TOMÁS SEGOVIA, *Ceremonial del moroso*

No hubo un solo día
En que la luz no lo eligiera
FRANCISCO SEGOVIA, 2012

El 7 de noviembre de 2011, Tomás tomó la senda, asombrado, en paz, que le indicaba la Luz que siempre lo orientó. Al comienzo hubo algo de azoro y de misterio que al mismo tiempo lo sedujo. Sonrió, levantó un poco la cabeza con una leve inclinación hacia atrás, y miró hacia el horizonte.[1] Iba ligero de equipaje, con el co-

[1] ¿O "cielo"? El gesto le acompañó siempre, como lo podemos confirmar hoy quienes lo conocimos y muchas de las fotografías que se conservan. Las variantes de lo "alto" son frecuentes en su escritura. En el primer poema de *Primeros poemas*, inéditos, a excepción de uno, publicados en México, así lo expresa: "A solas / con el cielo. // Como en dos playas / el mundo viene a morir / a los bordes de mis ojos.

razón rebosante de esa modalidad del amor que cada día se había hecho más clara, más luminosa. Se echó a andar sabiendo que llegaría a buen puerto.

Dejaba con nosotros su Palabra, diseminada en múltiples concreciones y matices de una extraordinaria riqueza. Su palabra oral y su palabra escrita; su incansable búsqueda de respuestas a los enigmas, los pequeños y los grandes. En los últimos años acentuó hasta tocar los límites de la vida, la publicación de cuadernos y libros de poemas; reeditó en Alcalá de Henares su obra de teatro *Zamora bajo los astros* publicada por la UNAM en 1959; y en la narrativa, su novela corta *Primavera muda* (Los presentes, 1954), después *Trizadero,* 1974, *y Personajes mirando una nube,* 1981, se sumó *Cartas de un jubilado,*[2] donde aborda el clásico personaje del don Juan, en "una poética de la seducción y una reflexión sobre el amor, por medio de un intercambio epistolar entre dos antiguos amantes"; mundo movido por el amor y el deseo. Es notable el apoyo y seguimiento de Ediciones Sin Nombre y de José María Espinasa, a quien agradecemos sus palabras y la labor editorial. Y por si fuera poco, en voluntad generosa de llegar a todos, Tomás supo utilizar los enlaces y medios electrónicos, como quien lanza al aire

// Y quedo con sus tesoros, / los ojos por él regados / ya sin sed, / a solas" ("Cielo", *in memoriam* de su maestro-guía, el poeta exiliado Emilio Prados, en *País del cielo. 1943-1946*, del volumen *Poesía. 1943-1997,* FCE, México, 1998, p. 19).Tomás recordaba que su primera publicación fue en su primer exilio, en Francia. Vivía entonces en una de las colonias para niños españoles refugiados, en París. En la de Orly, tenían una imprenta y publicaban un boletín en el cual incluían cartas de niños de otras colonias, animados todos por los maestros. Así, dice Tomás, a los 10 años, "me convertí en un escritor publicado en otro lugar, en el extranjero. Y en español, por descontado" (Tomás Segovia, "Escribir en otro lugar", *Revista de Libros,* Fundación Caja Madrid, 2009, núms. 151-152, pp. 44-45).

[2] ¿Alude a su jubilación de El Colegio de México, 1970-1984?

sus palabras para establecer el diálogo, ya más allá del tiempo y los espacios consagrados. Fue un modo también de exorcizar algunas experiencias algo frustrantes para publicar, que han quedado como anécdotas en declaraciones suyas.

El 29 de abril de 2011, Christopher Domínguez le hace una larga entrevista que recomiendo: "Luz de aquí".[3] Se confirma el testimonio del crítico en la palabra clara, firme de Tomás, que nos revela mucho de su interés por la literatura, la teoría, la política, la vida y la historia cultural, su formación, su obra:

> En aquella tarde, el poeta regresó a su historia de niño de exilio, a sus primeros poemas, al tránsito entre el mundo de los transterrados (le chocaba por cursi, el uso de esa palabra) y la literatura de la que sería su patria paralela, a la *Revista Mexicana de Literatura* y a la década de esplendor que le siguió y en donde Tomás, junto con Salvador Elizondo, Juan García Ponce, Inés Arredondo y algunos otros, cambiaron la crítica, la jerarquía de nuestras lecturas, el gusto literario, desde la universidad y su Casa del Lago, desde los cafés de la Zona Rosa pero, sobre todo, desde la convicción de que había que ser absolutamente modernos.[4]

Significativo es también rescatar cómo vivió Tomás su "condición" de exiliado, porque considero que se relaciona claramente con rasgos de su escritura y de su vida toda. Es un tema que se necesita afinar a partir de la obra misma, para aproximarse desde el centro de su interioridad. Baste, por ahora, un primer esbozo.

[3] Cristopher Domínguez, "Luz de aquí", *Letras Libres*, diciembre de 2011, núm. 156, pp. 70-71.

[4] *Ibid.*, p. 71. Primera de las entrevistas "que se están grabando para la historia documental de la literatura mexicana que prepara Clío TV" (*idem.*).

> Llamar mía a la casa que levanto
> dondequiera que llego
> y no a la que he pagado y conquistado
>
> TOMÁS SEGOVIA

Una disponibilidad libre, ligera, que no ata: que no busca poseer. Más bien busca la fuerza de su centro, del espíritu activo por el amor, que funda el mundo interior y se vierte hacia afuera, en voluntad dialogante. Es lo que una y otra vez vemos expresado en la palabra, sobre todo poética, de Tomás Segovia, tema sobre el que volveré después. Quien vive así, sustentado en el Amor, asume la vida y el quehacer humanos con todas sus contradicciones, impulsado por la fuerza interior y la esperanza; es fiel (*Fidelidad 1944-1946*, se llama su segundo poemario; también después, *Fiel imagen* de 1997), libre de toda sujeción, y generoso en el darse por encima de límites marcados desde el afuera de la vida. Esto es determinante en la experiencia del exilio.

Antonio Alatorre recuerda en el "Prologuillo" a *El brujo de Autlán* (2001): "*Patria* no es sólo el lugar donde uno nace". Y acude a Cicerón, quien "salvó del olvido lo que dijo un poeta anterior a sus tiempos, llamado Pacuvio: *Ubi bene, ibi patria*: donde nos sentimos bien, donde estamos cumpliendo a gusto la tarea de vivir, allí es la patria"(p. 9). Pienso que en Tomás, como en "los mayores" que fueron determinantes en su formación y compartían la experiencia del exilio (Joaquín Xirau, Juan Ramón Jiménez, León Felipe de manera tal vez más indirecta...), la razón cala más hondo. Frente a la inmensidad de la experiencia del exilio, una fuerza interior, análoga, incluso superior en intensidad. Con esta idea, Tomás se aproxima a la verdad del ser en su devenir, lo cual se revelará en su poesía. Puede pensarse que el exiliado "siempre está en otro lugar: nunca más en ninguna parte volverá a sentirse en casa propia".[5] Más bien en Tomás, su fuerza interior lo lleva a poder sentirse como en casa, en cualquier sitio escogido, lo que coincide con el epígrafe a esta parte. De niño, dice Tomás, "para mí *aquí* era, sencilla y puerilmente, el lugar en que me encontraba. Quiero decir que un niño se siente siempre en su casa. El niño vive en un tiempo natural, un tiempo de cabo a rabo *dado*, sin alternativas".[6] Sí resiente el rechazo del medio, lo cual es al mismo tiempo más doloroso y menos doloroso que para los adultos. Más doloroso, porque no ha echado realmente raíces en otro lugar, en contraste claro con el mundo de los adultos. Carece pues de la posibilidad del "refugio de la nostalgia" y de "la esperanza de las raíces reencontradas".[7] Es menos doloroso, pues "puede vivir, al menos cuando se le da la ocasión de dejarse llevar, en el presente sin condiciones de la infancia, en ese otro arraigo que es la pertenencia 'natural' a nuestro entorno, aquello que precisamente constituye la dramática impotencia del exiliado adulto".[8] Sin embargo, suele acontecer que los adultos proyecten en los niños su angustia y desconcierto. También es cierto que la realidad suele ser muy compleja.

Para Tomás el refugio, el espacio propio, es la Palabra, la Poesía: lo libera en su interior y hacia los otros:

> Si en mi vida soy igualmente solidario con los inmigrantes no integrados, que con los inmigrantes integrados de nuestros descorazonadores extrarradios, en mi escritura trato de encontrar tanto lo

[5] Véase Tomas Segovia, "Escribir en otro lugar", *op. cit.*, p. 49.

[6] *Ibid.*, p. 45.

[7] *Idem.*

[8] *Idem.*

que de mi tradición —de *mis* tradiciones, de *mis* terruños— me enriquece, como lo que uno puede llevarse consigo cuando escapa a esas tradiciones.[9]

Cuando nos habla de la poesía de Juan Ramón Jiménez, Tomás afirma que éste logra en su poesía, *expresar*: "traspasar las palabras, traspasar el lenguaje, traspasar el poema",[10] por el camino del *deseo*, donde la construcción, la forma, pasa desapercibida porque ha alcanzado "esa fluidez que nos da la ilusión de asistir directamente a lo que quiere decirnos, como si sólo así pudiera decirse, y que hace que solamente después nos demos cuenta de cómo está dicho, cómo está hecho el poema".[11] Añadirá además otro rasgo característico que se detiene a precisar. Para él, la poesía del poeta de Moguer "no es una poesía pura, sino desnuda, [...] corpórea".[12]

Estamos plenamente en el ámbito de la poesía del propio Tomás Segovia. Me propongo comentar brevemente algunos poemas, de *Terceto* (1972) y de su cuaderno *Fiel imagen*, 1997. Después analizaré *Salir con vida. Poemas 2000-2002* y *Llegar 2005-2006*. Estos últimos cuadernos expresan ya abiertamente esa búsqueda del tiempo alto, liberado, que lo define hasta el final. Revelan la sencillez desnuda de quien depura y cincela lo que resta que pueda enturbiar esa paz armónica, profundamente vital y alada, de *llegar*.

[9] *Idem*.

[10] Tomás Segovia, "Juanramonianas", en Tomás Segovia, *Sobre exiliados*, pról. José María Espinasa, El Colegio de México, México, 2007 (Serie Trabajos Reunidos, 4 / Serie Literatura del Exilio Español, 9), p. 22.

[11] *Ibid*., p. 23.

[12] *Ibid*., p. 45 y ss.

Algo debe morir cuando algo nace
TOMÁS SEGOVIA

Vital, reflexivo; deseante, el espíritu se lanza una y otra vez en busca del objetivo alto en que la palabra se aproxime cada vez más al centro del interior de sí mismo, no para quedar ahí. El nuevo, el renovado impulso, lanza al ser hacia afuera para entablar un diálogo de corazón a centro, en el cual el *yo* alcanza la maravilla del nosotros. Es el Amor el que rige y mueve esta continua búsqueda. Vivir implica la conciencia de la dualidad entre el mundo de Luz que se vislumbra en las experiencias del contacto y del encuentro con esa dimensión que nos trasciende y nos habita, y la transitoriedad de las experiencias en las que se desarrolla la vida. El mundo es cambio constante. De la experiencia alta, de la percepción fugaz, intensa de la luz, que produce la paz, se deriva el deseo constante de pasar de lo fugaz a la plenitud.

Para Platón la contradicción esencial de la vida tiende a la superación que se expresa como movimiento hacia lo alto. Hacia un más que sabemos posible. La vida hoy, centrada en el hombre en tanto persona, reconoce en el espíritu, en su fuerza, la posibilidad de llegar a la comunión. Comunión de personas; comunión con la naturaleza en la que percibimos el reflejo de la armonía fundante.[13] La experiencia de nuestro centro, nos libera de toda sujeción

[13] Tiene razón Ramón Xirau cuando apunta la necesidad de estudiar la presencia del neoplatonismo en las letras hispánicas y otras modalidades de "espiritualismo" afines (Tagore, p. ej., en la poesía juanramoniana) (Ramón Xirau, *Otras Españas. Antología sobre literatura del exilio,* selec. y advertencia Adolfo Castañón, El Colegio de México, México, 2011, p. 105, nota 33). Sobre el Amor como la fuerza determinante en la creación del mundo, en tanto proyecto humano, sugiero recordar un libro básico, claro, iluminador: Joaquín Xirau, *Amor y mundo*, reeditado recien-

posesiva. Ascender por eso implica depuración de todo lastre que bloquee la búsqueda primordial. Vista como visión humanística, en la medida en que el hombre es capaz de trascenderse, es digno y capaz de transformar y recrear nuevos mundos, tanto en el arte, como en la historia social.

En "Para este verano" de *Terceto* (1972), poema dedicado al amigo Antonio Alatorre, el poeta expresa la angustia de la desolación de vivir en la tensión de los límites, no como un hecho individual, sino de todos:

vivimos cada estación como la última del mundo
nosotros que sin embargo conocemos la esperanza
dónde habrá un verano de los hombres
dónde cuándo podremos crear sin odio
crear desde la pereza madurar desde la pureza
desde una turbia pureza de humo blanco[14]

No obstante, persuasivo, lo general se personaliza y se dirige al "tú" que escucha, a sabiendas siempre que será breve el tiempo de la revelación. Se repite por eso: "así sea por un rato":

olvidemos *así sea por un rato*
nuestra obsesión del caos este cómplice espanto
entremos en la unidad intolerable del verano múltiple
durmamos en su hierba no tengas miedo zambúllete en su fondo
toca mis dedos invéntame las manos

---

temente (Imprenta Kadmos, Salamanca, Col. Persona, 27. La primera edición es del Fondo de Cultura Económica, México, 1940).

[14] Tomás Segovia, "Para este verano", en *Terceto*, Joaquín Mortiz, México, p. 18.

como inventa sus flores el estío
no quieras dividir esta pureza turbia en turbiedad y pureza
seamos *así sea por un rato* un vasto estío humano
que no separa nunca la forma de la fuerza
[...]
que crea frente al caos y no rueda a sus pies[15]

"Crear" es afirmación frente al caos, liberados gracias a la experiencia de fondo, unitaria, que esta vez queda al nivel de encontrar, en la tierra, un centro y un sentido. También se aprende y se aceptan la presencia y la ausencia, el paso y el retorno, y el fruto edificante, en esta experiencia particularizada (donde todavía no experimentamos la plenitud, pero "tenemos algo" que nos acerca):

[...] la unidad escondida
de la esperanza y la desesperanza
la aceptación del paso sin retorno del estío
la aceptación del retorno monótono del estío
y sus preciosas galerías de amor y de frescura.[16]

Una nueva lección en el aprendizaje del camino, es la exigencia del Amor que pide quemar las propias naves. Este "ir ligero de equipaje" —línea de *accesit* que vale tanto para toda aventura interior que podría acercarse a la mística, como para lanzarnos al afuera en voluntad de diálogo y de comunión con el otro, los otros— hace que el deseo, el sueño de libertad, se logre: se concrete.

[15] *Ibid.*, pp. 18-19. Las cursivas son mías.
[16] *Ibid.*, p. 18.

Para que tengas toda la aventura
Hay el amor
Que te quema las naves
[...]
No te queda más vida
Que la que puedas tú llevar contigo

Mediará, imprescindible, la opción y el acto libre de quien escoge. En el poema, el hombre siembra la semilla de vida y las cenizas de lo que ha dejado atrás. Hacerlo, deshace el fantasma del sueño de libertad: "Terminas de soñar la libertad / amor no deja escape has de ser libre".[17] Serlo, incluye al "yo" que lleva el enunciado, y al tú a quien se dirige. En "Palabra y silencio",[18] es el "tú-otro" el que rompe la relación. El "yo" acepta, desde el amor, desde su centro activo, el abismo y opta por el silencio de la no palabra. Entre ambos queda sólo silencio, distancia:

El amor está todo en esta nada
   que mi abstención defiende
en la distancia que abres entre amor y tú
el abismo de amor es el amor
desde dónde hablarías cuando hables
si yo hubiese violado tu silencio.

Es claro que la posibilidad de compartir la palabra, hablarse, es el impulso natural del interior al afuera, de la fuerza del amor y del espíritu. Virtualmente las palabras "carne verbal viviente en

[17] Tomás Segovia, "Sí", en *Terceto*, p. 31.
[18] Tomás Segovia, "Palabra y silencio", en *Terceto*, p. 33.

el silencio" tendrían la fuerza para sofocar la noche que amenaza al amor: "Dos que dicen tú y yo / Antes de que la noche del amor los borre / *Mas todo está fundado si al borrarse se hablan.*[19] Es tal la fuerza de las palabras que se desbordan y en el espacio erotizado y tenso de Eros, en que Medusa invierte su función petrificante "infundiendo en las cosas un zumbido carnal", y se conjugan "incurables nostalgias", "luchas jadeantes" que habitan el pensamiento, las "palabras calientes como entrañas" se adueñan de los humanos en quienes desatan el eros de la copulación que envuelve la integridad de los hombres: "Nunca [antes] hemos hecho este amor *de palabras* / nos hemos hecho el amor *con palabras*".[20]

Perdido el orden, la ruptura de los límites amenaza destruir la armonía interna del yo, el centro que lo sostiene (se traiciona a sí mismo, "dinamita su suelo alegremente", se ríe de su gloria, se pulveriza la complicidad —del yo, el tú, el nosotros—). El decir, comúnmente directo, honesto consigo mismo y su centro, proclama la amenaza aniquiladora, en "Anti-yo": "No soy el que yo digo / soy el que dices tú". La inversión afecta todo lo cercano al yo (la desnudez de la transparencia, la caída en el abismo, el vértigo, la vida que se exterioriza, se desboca, el idioma ajeno):

> Me salgo de mis pieles
> Me abalanzo a habitar en el abismo
>   un lugar inasible
> Me confundo con una catarata
> Reivindico su vértigo
> Mi vida canta afuera

[19] Tomás Segovia, "dicho a ciegas", en *Terceto*, p. 35; las cursivas son mías.
[20] Tomás Segovia, "Eros de Luz", en *Terceto*, p. 36; las cursivas son mías.

Desbocada y narrada en un idioma
que nunca aprenderá del todo[21]

Cierra el poemario "Berrinche", una larga retahíla de versos autodenigratorios, para concluir burlándose de sí y de todos, aludiendo a lo no dicho: "y díganme que miento todo lo que quieran / se lo dicen a lo que no estoy de veras diciendo / y así me están comprendiendo sin saberlo".[22]

A partir de aquí, de la caída, se recupera el centro en un nivel más alto; en ese "morir, vivir" bíblico que sostiene la vida y su posibilidad de ascenso, hasta el final. Cambia el tono. La palabra fluye, clara, no sin contradicciones —necesarias siempre— sin rupturas amenazantes, profunda en la búsqueda, más bien ligera en el desplazarse temporal. Regresa el mito de Ulises en los múltiples ruegos que "Encarecidamente"[23] privilegia en el poemario *Fiel imagen*, 1997: "Qué otro ruego ferviente / Sino el de contar siempre con la espera segura / De un lugar animoso de descarga y de tregua. [...] Lugar de espera porque en él entramos / Con el rostro de paz del esperado"[24]. El yo es ahora el objeto de la esperanza del tú. El "Ruego del paseante" cierra estas invocaciones que fortalecen el temple del nuevo tiempo: "Oh paciencia inmor-

[21] Tomás Segovia, "Anti-yo", en *Terceto*, p. 41.

[22] Tomás Segovia, "Berrinche", en *Terceto*, p. 69.

[23] Nombre de la tercera parte del libro *Fiel imagen* (Cuadernos de la Salamandra / Ediciones Sin Nombre, Juan Pablos Editor, México, 1997), la cual incluye cuatro "Ruegos" diversos que corresponden a modalidades del sujeto poético: "Ruego del navegante"; "Ruego del cazador", "Ruego del madrugador", "Ruego del paseante", pp. 57-62.

[24] *Ibid.*, p. 57.

tal / No dejes que olvidemos para siempre / Tu silencio que espera como la verdad misma / Siempre calladamente recobrada".[25]

En "Sobreviviente" se alude a "la hora de abismo que le dio nacimiento" a la luz, la cual de tan intensa, es "relámpago humano", que en su pureza virginal, amenaza afectar la posibilidad del diálogo entre los hombres ya separados entre sí. Enfrentar así toda la luz cegaría; tampoco estarían dispuestos a dar "a las dementes llamas", "La gran riqueza perezosa / De estos otros encuentros entre velos / Pardos abrazos imposibles de mirar desnudos".[26] Una vez más se reitera que lo esencial, lo puro, sólo puede manifestarse fugazmente a los hombres. De ocurrir, posiblemente no puedan guardar memoria de la experiencia deslumbradora. Únicamente "Habrán podido verse / [...] / Radiantes en *la plena blancura verdadera* / Quienes al cabo hayan sobrevivido / A esa totalidad de tentación".[27] Viene a la memoria el segundo poema publicado por Tomás en México:

"Niño"
Es demasiada luz.

Yo vengo de la sombra,
blanco como un niño
que duele
con tanta luz,
y traigo un llanto oscuro

[25] *Ibid.*, p. 62.
[26] *Ibid.*, p. 74.
[27] *Idem.* Las cursivas son mías.

que da miedo
con tanta luz.

Es demasiada.[28]

He caracterizado a Tomás, entre otros rasgos, como vital y reflexivo. En su poesía hay una marcada tendencia a la reflexión. Aún en los poemas donde la fuerza expresiva se desata, nunca se pierde esa distancia que establece el sujeto poético que es el que mira y contempla. Vemos y sentimos desde la perspectiva que él nos abre. En los poemas más eróticos describe desde sí la experiencia. En ese sentido se desnuda ante nuestros ojos; revela con claridad su mundo interior y la manera como sale al mundo de afuera. No añado más ahora, porque este sentido de la distancia para poder aprehender lo esencial, incluso poniendo en evidencia el procedimiento para lograrlo y los distintos vaivenes de su concreción en la palabra, sin duda se precisa aún más en los dos poemarios siguientes: *Salir con vida. Poemas 2000-2002* y *Llegar. Poemas 2005-2006*.

[28] De su primer libro, *País del cielo. 1943-1946*, en *Poesía. 1943-1997*, ed. cit., pp. 19-20.

SIGNIFICACIÓN Y SENTIDO

Luis Fernando Lara
El Colegio de México/El Colegio Nacional

Conforme los estudiosos de la literatura, los lingüistas y los filósofos se han venido sometiendo a una cientificidad definida y delimitada por las ciencias naturales y a las evaluaciones burocráticas de su trabajo, parece haberse vuelto imposible tomar en cuenta y aprender de autores cuya vigencia es permanente y no reivindican para sí mismos la autoridad de un título, de una revista o de un índice cuantitativo de citas, sino que meditan con absoluta libertad la característica definitoria de lo humano: el lenguaje. Afirmé hace varios meses que las meditaciones de Tomás Segovia acerca del lenguaje y las lenguas son el meollo de una filosofía del lenguaje, tan importante como lo han sido para nuestro pensamiento Aristóteles y Platón, san Agustín y Occam, Wittgenstein, Cassirer y Gadamer, por sólo nombrar a aquellos que, sin lugar a dudas, abrieron el horizonte del pensamiento acerca del lenguaje y no lo encerraron en postulados y escuelas. Pensar el lenguaje no ha sido fácil a lo largo de la historia de la humanidad —al menos, de la historia de Occidente—, en cuanto supone la necesidad de un extrañamiento de las propias lenguas que haga inteligible el lenguaje desde el mismo lenguaje y con las mismas lenguas; situarse en el pensamiento acerca del lenguaje, como lo hacía Tomás Segovia, sin dejar de utilizarlo.

Creo también que su filosofía del lenguaje se nutrió de tres fuentes principales: ante todo, de la experiencia introspectiva de su propia poesía; después, de su lectura permanente de las obras filosóficas antiguas y modernas, y de su profundo análisis de la obra de Louis Hjelmslev. Éste, sin duda el estructuralista más radical y quien al comienzo de su vida creía que era posible, como lo deseaba Saussure, un "álgebra del lenguaje", encontró en su radicalidad un pensamiento acerca del signo lingüístico, la significación y el sentido, a partir del cual se concretan las concepciones que nos dejó en herencia Tomás Segovia.

Insisto en lo que a mi juicio es la principal característica de su filosofía del lenguaje: situarse en el pensamiento acerca del lenguaje sin dejar de ejercerlo; dicho a la manera de la lingüística, hablar del lenguaje desde él mismo y no desde un metalenguaje, para escándalo de los Carnap, Tarski y sus sucesores. Se dice con facilidad, pero al decirlo se enfrenta uno a toda la lógica moderna y a la seguridad que ha dado la noción tarskiana del metalenguaje a los lingüistas, que encuentran en ella una manera, *la* manera, de no poner en riesgo su necesaria objetividad cuando se enfrentan a hechos de lengua: extrañarse, enajenarse para siempre de las lenguas, al punto de no conocerlas en su complejidad semántica, sino apenas describirlas.

En el quinto poema del *Cuaderno del nómada* (1978) escribió Tomás:

> ¿Qué podrá evocar el Nómada que no sea desnudez y no esté a la intemperie? La fuerza que ha abrasado es tener siempre sus casas recorridas por el viento, su lecho siempre en alta mar, su corazón distante siempre entre lluvias y neblinas. Y sin partidas, en una sucesión interminable de llegadas, pues ha visto en el río de los días que ninguna jornada pudo ser la primera, y sabe que no existe para él reposo, que todo descanso apoya sobre alguna raíz su peso. Na-

cido en los caminos, su destello es saber que todos han venido sin saberlo de otro sitio, que donde ponen su origen es allá en donde empieza su ignorancia, que se hermanan de otro modo que el que creen. Su tiniebla, el terror de no sembrar por fin en la tierra sus huesos.

El nómada, un símbolo de sí mismo, quien a la vez que yerra por los caminos, yerra por el pensamiento y yerra por el lenguaje.

Esa errancia, que circula como el viento por todo su *Cuaderno*, es el punto de partida de sus meditaciones acerca del lenguaje. En "La palabra inobediente", publicada en *Recobrar el sentido* (p. 69), se explica: "El lenguaje que me corresponde como poeta no es el lenguaje específico de la poesía, sino este lenguaje errante e inobediente, porque a la poesía, aunque use otros niveles de lenguajes controlados e instituidos (y claro está que los usa), le bastaría con ese nivel para ser poesía". Pues "la poesía es el lenguaje mismo por lo menos en un sentido reconocible: en el de que no tiene ninguna otra autoridad ni ningún otro poder". Es ese lenguaje, siempre anterior pero siempre errante, no atado a controles ni instituido, el que le permite pensarlo: "ese instrumento general, universal, inespecificado e irrebasable que es el lenguaje como tal, es a la vez punto de partida del pensamiento, y puede por eso ser punto de referencia y piedra de toque de los pasos de ese pensamiento" (*ibid.*, p. 71).

El lenguaje se nos ofrece como un punto de partida de lo humano; no hay ser humano y no hay humanidad sin un lenguaje que los funde. "El lenguaje tal como nos está dado es nuestro medio universal, general y total de comunicación, y a la vez medio para ir haciendo comunicable el mundo, o sea, para pensar y simbolizar el mundo, y por ende el medio para pensar y simbolizar en general" (*ibid.*, p. 73); "a través del lenguaje el mundo invade nuestra conciencia y nuestra conciencia invade al mundo" (*ibid.*, p. 74).

Pensamos y simbolizamos el mundo mediante la capacidad de significar, es decir, de usar el lenguaje para decir algo a propósito de alguna experiencia de la vida, y ese significar tiene dos vertientes: por un lado, sus constituyentes: los significados de los signos lingüísticos; por el otro, la significación del discurso, que lleva a la construcción o al descubrimiento de un sentido.

Decía antes que la fuente principal y concreta para su concepción del lenguaje fue la obra de Louis Hjelmslev; Hjelmslev fue quien supo sacar las conclusiones importantes de una primigenia teoría del signo de Saussure. A partir de este fundador de la lingüística moderna, la filosofía del lenguaje debía haber cambiado radicalmente (lo hizo, en buena parte, en el pensamiento del segundo Wittgenstein, el de las *Investigaciones filosóficas*), pues a diferencia de toda la tradición filosófica de pensamiento acerca del lenguaje, que nunca dejó de situarlo como mero instrumento para nombrar objetos del mundo y para establecer la verdad del conocimiento manifiesto mediante el lenguaje, Saussure y sobre todo Hjelmslev liberaron el pensamiento sobre el signo lingüístico de la rigidez logicista de la designación, para pasar a definirlo en su propia naturaleza, como signo mediatamente relacionado con la experiencia del mundo, con sus referentes, y formado por un plano del significante que dejaba de ser exclusivamente su fonética, y un plano del significado, que dejaba de ser su concepto o, peor, su propio referente. Es decir, abandonaron la concepción nomenclaturista del signo y lo revelaron en su propia naturaleza. Esto lo daba por sentado Tomás Segovia; yo lo explico para poder situar lo que verdaderamente le interesaba: la significación y el sentido. Pues sólo un signo cuyo significado se entiende como una elaboración histórica y tradicional en una lengua particular, en cada lengua particular, da la libertad para significar lo nuevo, lo inédito, lo que parecía impensable. En efecto, un signo que solamente fuera el vehículo material de la referencia, sería apenas un nombre, o un elemento de un código, incapaz de prestarse a una significación nueva. Lo que interesaba a Tomás del lenguaje era precisamente la libertad que da la significación para asomarse a todo, vagabundeando, libre de compromiso, y darle sentido. El signo nos provee de significado y ese significado es una elaboración comunitaria de lo que resulta valioso y pertinente de la experiencia social, comunicada y comunicable, de la vida, pero sobre los signos se teje la significación, lo que hace radicalmente diferente al lenguaje de los códigos. Los signos son elementos de construcción; el discurso o el texto se valen de ellos para hacer inteligible el sentido de lo que uno está diciendo.

Dice en otro lugar: "La realidad está hecha no sólo de lo que es, sino también de lo que significa" (*Recobrar...*, p. 26); yo aumentaría: la realidad que como seres humanos podemos concebir está hecha, sobre todo, de lo que nos significa. Es la significación entonces, como movimiento o impulso, primero, para constituir los significados de los signos, por ejemplo, mediante la metáfora; y luego para construir el sentido en un argumento, en un discurso o en un texto, el ámbito en donde el lenguaje tiene su plena naturaleza, y la errancia del pensamiento de Tomás Segovia aprovecha esa facultad del lenguaje para inundar el mundo de sentido. Una vez que ha explicado, en muchos de sus diferentes ensayos, la manera en que concibe la significación y el sentido, entra en la discusión de los temas que ocuparon sus pensamientos durante buena parte de su vida: por supuesto, la poesía, pero también y no de manera secundaria, la práctica de la traducción, la política, en el significado más legítimo del vocablo, la naturaleza del poder, la vida de la cultura, la modernidad, el trabajo artesanal frente a la especialización y el academismo, y más recientemente, tanto en *Recobrar el sentido* como en *Alegatorio*, *Resistencia*, *Cartas cabales* y *Digo yo*, los problemas más graves de la vida española y mexicana: la corrupción y la impunidad, el capitalismo salvaje, la destrucción social que está causando el neoliberalismo, la pertinaz resistencia en España a recobrar su memoria histórica.

Si el interés central de la lógica y de la filosofía del lenguaje es la búsqueda de la verdad, y es la verdad la cuestión de fondo en todas sus meditaciones acerca de la política y la vida social, es precisamente el sentido como valor el que le permite articularlas. Afirma:

> Seguramente el más antiguo descubrimiento del pensamiento es que el lenguaje miente. O más bien ese descubrimiento es la fundación misma del pensamiento como algo distinguible del lenguaje que en él se expresa. Pero ese descubrimiento es también la fundación de la verdad. ¿Cómo sabríamos que hay una verdad si no viéramos que el lenguaje puede traicionarla o errarla? Es la traición o el fracaso del lenguaje lo que nos muestra que el lenguaje busca la verdad. Y a la vez, por supuesto, que no la posee. Aquí empieza una ambigüedad que condiciona el despliegue entero del lenguaje, o sea, el despliegue de la historia. El lenguaje da sentido al mundo buscando la verdad, pero sigue siendo creación de sentido cuando la traiciona o yerra. El sentido se justifica en la verdad pero no se funda en ella. Dicho de otra manera, la historia no puede autorizarse sino en la verdad y en la búsqueda de su instauración completa, pero es evidente que no consiste sólo en esa verdad ni busca sólo esa instauración (*ibid.*, p. 75).

De ahí que "lo más característico del sentido, lo que más claramente lo distingue de lo cognoscible en sentido estricto, es que no es autónomo respecto del valor" ("De la misma lengua...", *Resistencia*, p. 101); entre el sentido y el valor hay una relación solidaria: "La significación y el valor son originalmente solidarios; nada significaría si nada valiera, y nada valdría si nada significara" (*Recobrar...*, Introd., p. 15).

Es admirable el modo en que llegó, desde sus meditaciones acerca del lenguaje, a articular la relación entre el significar y el sentido con el pensamiento acerca de los valores. En "De la misma lengua" (pp. 99-100), dice: "Yo sigo pensando que el gran problema de este siglo, y sin duda del que viene, es la relación entre el mundo del conocimiento, con todo el poder y el dominio que da su aplicación, y el mundo del valor, de la moral, de lo deseable, que también puede llamarse el mundo del sentido". En una página de las más memorable de su *Recobrar el sentido* nos dice:

> Puede tener sentido decir por ejemplo que lo contrario de la mentira es la verdad, pero lo contrario de la verdad no es sólo la mentira: es también la falsedad y la falsía, la estupidez, la traición, la maldad, tal vez la injusticia, tal vez la fealdad. Porque la verdad está tan trabada con la vida del sentido, que no puede destramarse enteramente de los otros aspectos de lo que tiene sentido. ¿Cómo negar que hay alguna misteriosa solidaridad entre estas tres nociones polares: la Verdad, el Bien, la Belleza? (p. 77).

Por ese camino se enderezan sus críticas, que más que señalar los errores, la maldad o la estupidez del poder, la economía neoliberal, la corrupción o la impunidad, buscan hacernos conscientes de los graves peligros que viven nuestras sociedades, cada día más descompuestas y sometidas a poderes que no tienen límites para sojuzgar a los seres humanos y conducirlos a la destrucción.

El 8 de julio de 2011, cuatro meses antes de morir, difundió en su blog el siguiente pequeño texto, correspondiente a sus notas tituladas *El tiempo en los brazos*:

> Hasta hace poco, todas las imágenes de la historia moderna de Occidente tenían un aire de familia. De Marx a Benedetto Croce, todo el mundo compartía por lo menos la impresión de cierta orientación de esa historia, un camino que, a través de dificultades, luchas, retrocesos y traspiés, avanzaba sin embargo hacia cada vez más coherencia y lucidez. Puede enfocarse esto como una cuestión de legitimidad. El balance en última instancia positivo del progreso justificaba la historia. Incluso los marxistas más dogmáticos admitían (ventajas de la dialéctica) que aunque el capitalismo burgués era ilegítimo, su advenimiento como momento dialéctico era tan legítimo como la historia misma en su conjunto. En todo caso, el escollo del marxismo real, como la historia acabó por mostrar, era la tentación totalitaria: finalmente la historia dio la palma a la democracia y nadie pudo ya dudar de que sin democracia no hay justicia posible.
>
> De modo que abreviando muchísimo podemos decir que hasta hace poco todo el mundo pensaba que el camino de la democracia era un buen camino. Muchos ex dogmáticos empezaron a pensar que el lado bueno del marxismo fue que históricamente acabó por contribuir a las conquistas de la sociedad del bienestar, hija radiante del capitalismo y la revolución, ambos con rostro humano.
>
> Ahora: si en el proyecto de la sociedad del bienestar o democracia social, la democracia y el socialismo, el capitalismo y la revolución podían celebrar unas bodas pacíficas y razonables, era bajo la

égida de cierta legitimidad. En ese proyecto o ese modelo de sociedad, está implícito que es legítimo el beneficio, pero no cualquier beneficio. Aunque esa ideología no era explícita, puesto que era una ideología, el comportamiento de los partidos, los gobiernos y los programas muestra que se daba por sentado que el beneficio tenía un límite, que era el bien social.

Lo que sucedió a fines del siglo XX, con la ideología de los neocon, de Nelson Friedman y del FMI, con las políticas de Reagan y Thatcher y la cobardía de Europa, es que el beneficio dejó de tener un límite; desde entonces el beneficio no necesita legitimarse o es lo único legítimo y su legitimidad es absoluta. Eso significa la sumisión de los Estados al mercado. La globalización podría o debería consistir en que por encima de los Estados está la comunidad de los Estados; en la realidad consiste en que por encima de los Estados está lo que no obedece a los Estados: el beneficio sin ley, la especulación.

En estos días, en la situación en que se encuentra el mundo y México en particular, Tomás Segovia está clara y admirablemente presente.

TOMÁS SEGOVIA: MAESTRO QUERIENDO Y SIN QUERER

AURELIO GONZÁLEZ
El Colegio de México

Tomás Segovia, está por demás decirlo, fue una figura del universo literario e intelectual que, para mí, se caracterizaba porque gozaba de la vida y encontraba un gran placer comunicando, ya fuera hablando o escribiendo. Como creador era sobre todo un poeta y un ensayista, aunque otros géneros literarios como la novela y el teatro no le fueron ajenos, pero desde mi punto de vista también era un creador como maestro y un maestro como creador, y en esto tenía mucho que ver ese placer que él encontraba en comunicar, en difundir, en polemizar, en enseñar. Aunque Tomás Segovia se definiera a sí mismo (con un cierto regodeo polémico) como "un marginal", en realidad pertenecía a esa élite de creadores que se asumen como tales con una función social y un compromiso que va más allá de la simple expresión estética de unas ideas personales. Tomás fue maestro en distintas facetas de su trayectoria personal y en ocasiones incluso sin quererlo.

Víctor Manuel Mendiola lo retrata como maestro así: "En sus pupilas brillaba la sed de instruir e iluminar. La sed de enseñar, que muchas veces es un afán erótico. Cuando lo escuchaba y lo veía, su pasión volvía imposible pensar en cualquier clase de agotamiento y desaparición".[1]

[1] Víctor Manuel Mendiola, "Es tan altiva la mudez del gozo", *Milenio*, 12 de noviembre de 2011.

Tomás Segovia fue maestro en distintas ocasiones. Entre 1948 y 1954, aún muy joven, trabajó de profesor en el Institut Français d'Amérique Latine y eventualmente también en la Alianza Francesa, lugar en el que siguió desarrollando cursos años después. También impartió clases en el Instituto de Intérpretes y Traductores; posteriormente, en 1970, fue nombrado profesor-investigador de El Colegio de México, donde impartió cursos hasta su jubilación en 1984. En Estados Unidos fue profesor visitante en la Universidad de Princeton y en sus distintos y numerosos viajes en muchas ocasiones impartió cursos de muchos tipos.

Como es sabido, en El Colegio de México desarrolló una intensa actividad cultural y en el doctorado del Centro de Estudios Lingüísticos y Literarios (CELL) impartió cursos de literatura, lingüística y teoría literaria, y fue el organizador y primer responsable dentro del Colegio de un proyecto de investigación y enseñanza de la traducción. No en balde fue traductor privilegiado de escritores, teóricos y pensadores como Alain Borer, André Breton, Jacques Derrida, Mircea Eliade, Michel Foucault, Roman Jakobson, Jacques Lacan, y poetas como Victor Hugo, Gérard de Nerval, Cesare Pavese, Rainer Maria Rilke, William Shakespeare, Giuseppe Ungaretti, Oscar Wilde y muchos otros.

Pero en El Colegio también impartió cursos más abiertos, más libres y más reales, decía él, como sus seminarios sobre versificación; eran los que llamaba "seminarios de su ronco pecho", que reunían a jóvenes con muy diversas inquietudes y formación.

Yo fui su alumno en el Doctorado en Literatura Hispánica de un curso de Poesía Contemporánea. Aunque el curso se centraba en la poesía hispanoamericana y española, en mi recuerdo lo más deslumbrante y memorable fueron las sesiones que dedicó a la poesía francesa del romanticismo decimonónico, terreno que

Tomás conocía perfectamente tanto por haber sido materia de su primera conferencia con Victor Hugo como tema y que le valió entrar, hacia 1954, como becario a El Colegio de la mano de Raimundo Lida, como por haber sido materia de algunos ciclos de conferencias que dictó en la Alianza Francesa de la Ciudad de México. Otra maestra del CELL, Mercedes Díaz Roig, también proveniente del exilio español como Segovia, con su agudeza y sentido práctico me decía que Tomás cuando hablaba de la poesía romántica francesa tenía tal claridad y pasión que uno podía pensar que realmente había vivido con aquellos poetas y escritores como Nerval o Hugo; lo malo es que, decía ella, luego se ha aficionado a esas cosas de teoría estructuralista, psicoanálisis y demás "zarandajas" (término muy de Mercedes) que lo alejaban de la poesía, pero esa era la visión escéptica de Mercedes.

Mi recuerdo de las clases de Tomás es que siempre se iniciaban con humor, tratando de no ser nunca solemne, incitando a la reflexión y al diálogo, que él decía que no podía encontrar en Shangri-La, que era como llamaba a la zona de cubículos en el cuarto piso, ya que era un territorio fantástico al cual no iba nadie, refiriéndose a nosotros los estudiantes, y que por eso bajaba a territorios más reales como eran el salón de clases y sus seminarios exteriores, esperando encontrar si no en los estudiantes de doctorado, al menos en jóvenes interesados en la literatura, el diálogo que para él estaba en el principio del conocimiento y de la creación.

La clase era muchas veces como una charla en la cual Tomás saltaba de un poeta hispanoamericano a un escritor español o a un crítico francés de la mayor actualidad, sin embargo en este devenir amable iluminaba detalles que pasaban desapercibidos a la mayoría de los lectores o señalaba riquezas inesperadas en versos muy conocidos. Aceptaba con sonrisa satisfecha las reticencias de algunos de nosotros: en el fondo le daba gusto que uno también se embarcara en la marginalidad. En mi caso sonreía tolerante ante mi falta de entusiasmo por los modernistas con Rubén Darío al frente que revisábamos y condescendía gentil con mi entusiasmo por el Romancero. Nos enseñaba de una forma abierta, casi irreverente, pero no por ello ausente de rigor y de sistema, aunque este no fuera evidente sino tiempo después.

A propósito de uno de sus seminarios sobre el verso, naturalmente "seminario de su ronco pecho", Mendiola lo recuerda así: "En un monólogo pensado y repensado, Segovia nos hacía entender que un poema dependía de la forma, de las sílabas, de los acentos, de las imágenes en arreglos diversos, pero que aquéllas, éstos y éstas emanaban de la orilla contraria, de lo que anacrónicamente llamamos todavía contenido".[2]

La aparente visión relajada de Segovia de la literatura oculta una posición radicalmente distinta, plenamente marcada por el rigor y la erudición; aunque en apariencia, Tomás, como Antonio Alatorre, ambos carentes de títulos, pero formadores de doctores, tomaban una distancia del mundo académico, incluso en ocasiones haciendo gala de su alteridad y marginalidad provocativa y de un humor agudo e irreverente, los dos sabían que sus interlocutores más fructíferos se encontraban en ese medio (que era el que compartía sus lecturas e intereses). Eso no quiere decir que aceptaran o estuvieran en la academia ceremoniosa y anquilosada de la que eran feroces críticos. Esta posición abierta de Tomás ha permitido, incluso impulsado, como bien nos dice Espinasa, "que se puedan hacer cortes longitudinales en su obra:

[2] *Idem.*

por ejemplo, los dos libros que publicó El Colegio de México, *Sobre exiliados* y *Sobre lingüística* [en la serie dedicada a los maestros del CELL], en los que el método se revela de través o a contracorriente".[3] Y así era en sus clases, en ellas el método se revelaba a contracorriente.

Pero la enseñanza de Tomás no se plasmaba solamente en el salón de clases. Él no fue muy afecto a publicar en lo que llamamos "revistas especializadas" o "revistas académicas", aunque lo hizo en diversas ocasiones; por lo general él publicaba en revistas culturales, de esas que hoy se llaman de alta divulgación. Así, buena parte de su reflexión sobre la poesía francesa y el romanticismo se condensa en el ensayo "La tercera vida de Nerval", publicado en el número 15 de la *Revista de Bellas Artes* de 1967, texto que constituyó mi primer acercamiento a la obra de Tomás Segovia cuando lo revisaba en 1974 junto con el conjunto de la primera época de la *Revista de Bellas Artes*, pues me tocó ser el jefe de redacción de la segunda época de la *Revista de Bellas Artes* sin imaginar que con el paso del tiempo coincidiría en el aula con el autor de aquellas deslumbrantes ideas. En ese artículo sobre Nerval se afirma que los románticos son nuestros clásicos, sin contradecir el hecho de que el romanticismo es una gran vanguardia.

Afirmación que sostuvo y aclaró Segovia en una entrevista realizada en los años noventa:

> En ese sentido lo es. Creo que el romanticismo es la última gran revolución del espíritu. No revolución en el sentido político sino espiritual; cada vez me convenzo más de que no es una vanguardia.

[3] José María Espinasa, "Una forma de amistad", *Milenio* 12 de noviembre de 2011.

> Es la modernidad, pero en otro sentido mucho más profundo. El romanticismo es nuestra época, y me parece que las vanguardias banalizaron esa revolución profunda. Además (esto ya es más sutil, habría que afinar para ser convincente) las vanguardias, quizá sin percatarse del todo, son tentativas de recuperación que finalmente desactivaron la potencia subversiva del romanticismo. Parece que no, pero por eso parece que no: porque son tentativas insidiosas y más o menos inconscientes. No digo que un vanguardista lo haga a propósito. Voy a simplificar demasiado, pero se trata más o menos de esto: me parece que la mirada vanguardista, de un modo similar a lo que hizo el positivismo, reduce la potencia subversiva del romanticismo porque no es capaz de abarcar esa potencia, porque no es capaz de resistirla. Sólo por ello se hace una reducción; por eso digo que toda vanguardia es terriblemente reductiva. A medida que pasa el tiempo es más claro para mí que el romanticismo no es reducción; es una tentativa de hacer la síntesis del mundo clásico y el mundo antiguo. No cabe duda de que en parte esa búsqueda ha abortado pero aún está aquí esa propuesta, podemos seguir tratando de cumplir esa promesa, porque todavía está viva: hacer la síntesis. No negar, suprimir o superar el mundo clásico, sino reconciliarlo con la verdadera antigüedad.[4]

Éstos eran los mismos conceptos que enseñaba con el tono de una charla entre amigos en el salón de clase en un curso de doctorado de alto nivel, donde además nos enseñaba que el Romanticismo había sido el último momento donde el hombre pudo

[4] Daniel González Dueñas y Alejandro Toledo, "Tomás Segovia: los ojos abiertos a la noche", *La Colmena*, octubre-diciembre de 2011, núm. 72, p. 61 [1a. ed. 1992].

crear nuevamente auténticos mitos y sus correspondientes relatos míticos.

En su escritura también trata de mostrar y dialogar; esta actitud es la que podríamos entender como docente, pues lleva el ensayo "literario" a un nivel de estudio crítico. Esta actitud es la que ya está en torno a sus colaboraciones y después planteamientos como director de la *Revista Mexicana de Literatura*, la cual vio la luz de 1955 a 1965; fundada originalmente por Carlos Fuentes y Emmanuel Carballo, fue dirigida después por Tomás Segovia desde 1959 a 1962 con Antonio Alatorre y de 1960 a 1963 con García Ponce, y finalmente por Juan García Ponce de 1964 hasta su desaparición en 1965.

La evolución de la *Revista Mexicana de Literatura* está vinculada a la personalidad de sus sucesivos directores; la *Revista* parte en 1955 de una concepción crítica de los valores nacionalistas, el paternalismo, la cerrazón moral anquilosada y el desconocimiento de lo que sucede en el pensamiento en el resto del mundo, y concluye su ciclo, en 1965, con una concepción crítica más amplia y un director que, como afirma Elena Poniatowska, se concebía a sí mismo como el *enfant terrible* de la literatura mexicana. La *Revista* transitó de la concepción de la función social de la literatura en favor de la identidad individual moderna al compromiso social con formas de creación y de conducta que buscaban abrir los espacios del yo en medio de una sociedad de masas, un Estado omnipresente, un nacionalismo agobiante y una moral pública cerrada y condenatoria.[5]

[5] Ricardo Pozas Horcasitas, "La *Revista Mexicana de Literatura*: la ruptura en las letras (1955-1965)", *Fractal*, 2007, núm. 47, p. 107.

Es claro que existe una relación entre la forma de pensar y de reflexionar y más aun de difundir del director de una revista y el contenido de la misma. Como ha dicho Ricardo Pozas:

> En el caso de la *Revista Mexicana de Literatura* la salida de la dirección de Carlos Fuentes y Emmanuel Carballo y después de Antonio Alatorre y de Tomás Segovia, está ligada a los ciclos particulares en los cuales el escritor consolida su prestigio y acrecienta su estatus. De esta forma se sostiene y aun se fortalece la identidad de los creadores en el espacio público de la cultura, y la referencia a las revistas en las que participó contribuye al mismo tiempo a la construcción mítica de los grupos literarios a los que sus individualidades quedan asociadas. Tal es el caso de José Lezama Lima con *Orígenes*; Jorge Luis Borges con *Sur*; José Gorostiza y Xavier Villaurrutia con *Contemporáneos*; Juan Rulfo, Carlos Fuentes, Octavio Paz y Tomás Segovia con la *Revista Mexicana de Literatura*.[6]

Finalmente, mi experiencia en el contacto con Tomás Segovia me lleva a otro espacio, predilecto para él, espacio de la creación, pero también de la reflexión, del diálogo y de la comunicación. Me refiero al café. Es sabida la relación de Tomás con el café desde las reuniones en "El Chufas" en los años 50 y después con otros cafés en su larga trashumancia en México, Uruguay o España. Fue a finales de los años noventa o principios del nuevo milenio, cuando estando yo en Madrid entré azarosamente empujado por el calor del verano al Café Comercial, ubicado por la glorieta de Bilbao, me acerqué a la barra, pedí agua con gas y oí que me llamaban; era Tomás quien me había reconocido. Yo no

[6] *Ibid.*, p. 112.

sabía que en realidad el Café Comercial era la oficina, estudio y punto de reunión en Madrid de Tomás Segovia. Me senté con él y de inmediato pasamos a hablar de El Colegio, del CELL y de ahí a la literatura, a los desastres del mundo y las ideologías, y con naturalidad muy pronto era el mismo monólogo modesto, sin ceremonia ni engolamiento, en el cual el maestro dictaba cátedra, ahora sobre la situación de la literatura y la poesía contemporánea en España y en México. Lo que yo sentía era el placer de escuchar a quien había leído mucho, pero había digerido y asimilado mucho más; el café, el aperitivo y el agua sobre la mesa no eran más que un referente lejano, casi un simple anclaje a la realidad. Por Tomás no pasaban los años, sin embargo, algo sí había cambiado en su discurso: las referencias teóricas, tan vitales a principios de los ochenta, se habían diluido, matizado con el tiempo y quedaba la sabiduría que aunaba la poesía con la inteligencia, tal como en su momento me había señalado Mercedes que era el mayor valor de Tomás.

En un agudo ensayo sobre el Quijote en forma de carta dirigida a Eulalio Ferrer, Segovia nos dice:

> Cuando volvemos la última página de un gran libro, nos quedamos un buen rato en una especie de flotación soñadora, dejándonos impregnar por la atmósfera largamente emanada de la lectura, una atmósfera a la vez vaga y punzante, inconfundible como el olor de un lugar y como él a la vez elemental y compleja. De esa ensoñación flotante y que no da pie tenemos que salir, como tenemos que salir de nuestros sueños dormidos so pena de no vivir entre nuestros semejantes. Pero a la vez sabemos que esa atmósfera incapturable, incompendiable, más husmeada que contemplada, sería lo único

> que valdría la pena comunicar a un semejante con el que quisiéramos compartir la experiencia de esa lectura.[7]

Y eso es lo que quedaba de la charla y lección de Tomás en el salón de clases, el ensayo innovador en la revista o el diálogo amistoso y curioso en el café: quedaba esa "atmósfera incapturable", y con paciencia, cuando se recordaba y reflexionaba después, se descubría ese método que se establecía a contramano del discurso, pues a fin de cuentas, y así lo repitió Segovia, porque así quiso verse ante el espejo del mundo, "soy un marginal, un apestado".

Gracias, Tomás, por tus clases del romanticismo francés y el arte del verso, gracias por tu visión crítica del mundo y del pensamiento, gracias por tu plática sabrosa e inteligente.

[7] Tomás Segovia, "Don Quijote en los caminos", *Fractal*, 2004, núm. 32, p. 13.

LA LUZ PROVISIONAL: NOTAS SOBRE EL PRIMER POEMARIO DE TOMÁS SEGOVIA

James Valender
El Colegio de México

Centro mis comentarios en *La luz provisional*, el primer libro de Tomás Segovia, que, si bien vio la luz en enero de 1950, reunió una selección de poemas escritos entre 1946 y 1949. Como en el caso de otros libros suyos posteriores, la edición corrió a cargo del autor. El colofón reza así: "Se tiraron de este volumen trescientos ejemplares en papel novelas numerados de 1 a 300. Estuvo al cuidado de Tomás Segovia y se terminó de imprimir el 7 de enero de 1950". En cuanto a pie de imprenta, no figura más indicación que el hecho de constituir este volumen la segunda entrega de "Publicaciones de la revista *Hoja*. Colección de escritores jóvenes". La primera entrega de la colección, según parece, había correspondido a un libro de *Primeros poemas* de otro joven poeta hispanomexicano, Enrique de Rivas. *Hoja*, se recordará, fue una revista de poesía dirigida por el propio Segovia entre 1948 y 1950 y cuyas seis entregas dieron a conocer poemas de Manuel Durán, Alberto Gironella, Enrique de Rivas, Michélle Alban, Salvador Moreno y el propio Segovia. *La luz provisional* consta de unos veintiséis poemas entresacados de un corpus mucho más nutrido que el poeta ya para entonces tenía en su haber. ¿Qué nos dicen estos primeros versos suyos?

Quizás cabría empezar por advertir un detalle curioso, aparentemente nimio, que caracteriza esta primera edición de 1950. En la última página del libro, claramente legible debajo de una tachadura hecha con tinta color café (la misma tinta, por cierto, con la que en el colofón se registra el número de cada ejemplar), figura la acotación "FIN / de / LA TRISTE PRIMAVERA". Este detalle resulta sugerente, porque da testimonio de cierta indecisión del autor en cuanto al título que mejor convenía para este su primer libro de poemas. De hecho, daría a entender que fue sólo en el momento de su encuadernación, ya acabado el trabajo de impresión, cuando el libro recibió su título definitivo de *La luz provisional*; que todavía durante el trabajo de impresión el poeta pensaba titularlo *La triste primavera*.[1] Este detalle cobra todavía mayor interés cuando descubrimos que el libro incluye, en efecto, un poema, el XVIII, titulado "(La triste primavera)". De no haberse cambiado el título del libro en el último momento, este poema XVIII, por llevar el mismo título que la obra en su conjunto, sin duda hubiera atraído la atención de los lectores de modo especial. El poema dice:

Estoy triste de ti, primavera de mi vida,
nostálgico de ti.
Tengo de ti esta nostalgia

[1] Curiosamente, al incluir este primer libro suyo en la edición del conjunto de su obra poética, *Poesía (1943-1997)*, México, Fondo de Cultura Económica, 1998, Segovia decidió restituir el título originalmente proyectado: *La triste primavera (1948-1950)*. Sobre los motivos de este cambio sólo cabe especular. En todo caso, el título no fue, ni mucho menos, el único cambio que se introdujo; además de suprimir tres poemas (el V, el XV y el XX), Segovia agregó otros seis ("Ansia", "El poeta enfermo", "Tal vez se llame Muerte", "Polos", "Nocturno" y "Sonriente"), a la vez que refundió el texto de muchos de los poemas de la edición inicial. Cabe señalar, por otra parte, que en la edición del FCE algunos de los poemas nuevos databan de fecha posterior, tal y como quedó reflejado en el subtítulo de la colección, que ahora indicaba un período que se extendía hasta 1950. Seguimos aquí el texto de la primera edición. Al final de cada cita se señalará en el cuerpo del texto el número de la página correspondiente.

de lo que ha de ser un día mi huerto en sazón,
la umbrosa plenitud apartada de mi alma.
Tengo de ti esta tristeza
del que ardiendo de esperanza por el fruto jugoso
arde también de ternura por la flor.

Ay, primavera, divina primavera,
contra el purísimo azul de tu horizonte,
el viento que mueve tu rama exaltada
es un triste viento de melancolía. (pp. 40-41)

Como muchos otros poemas de esta colección, "La triste primavera" es una composición relativamente breve: apenas doce versos, que se reparten en dos estrofas: la primera, de ocho versos, comunica la conciencia que el poeta tiene de las contradictorias emociones que le despierta el momento que entonces está viviendo ("la primavera de mi vida"); la segunda, de cuatro versos, convierte esta misma racionalización, si no en queja íntima, en suspiro ("Ay, primavera, divina primavera"). La versificación es irregular: el poeta se preocupa más por cuidar la precisión de la idea que por respetar tal o cual patrón de metro o de rima, si bien los versos de la segunda estrofa sí tienden a gravitar hacia cierta uniformidad (la del dodecasílabo). El léxico es sencillo como también lo son las estructuras sintácticas empleadas para articular las ideas. El poeta introduce de repente alguna expresión anafórica para inyectar cierta energía al ritmo, recurso que resulta especialmente eficaz por suponer a su vez sintagmas de peso silábico similar, sea de siete sílabas ("Estoy triste de ti", "nostálgico de ti") o de ocho ("Tengo de ti esta nostalgia", "Tengo de ti esta tristeza"), pero tampoco abusa en su empleo de estas reiteraciones. El poeta, en fin, no busca deslumbrar al lector con imágenes extravagantes, ni arrastrarlo con ritmos ripiosos, sino simplemente fijar el perfil de su propia experiencia: su apuesta es por la autenticidad de lo que tiene que decir más que por la fuerza avasalladora de una expresividad meramente formal o externa. ¿Y su visión de mundo?

La tristeza, esa melancólica intuición de que (incluso a los veinte años) cualquier tiempo pasado fue mejor, hay que reconocerlo, es uno de los tópicos más recurrentes en los primeros versos de cualquier poeta. Lo que confiere particular interés a la experiencia recreada, no sólo en este poema, sino en los demás textos que componen *La luz provisional*, es la paradoja sobre la cual descansa. Porque si bien es cierto que la tristeza tantas veces mencionada en estos versos se vincula explícitamente con la nostalgia y con la melancolía, el poeta, en realidad, no está mirando hacia el *pasado*, ni aquí ni en otros momentos de la colección, sino hacia el *futuro*, hacia una experiencia de plenitud que el poeta siente como propia pero que todavía no ha llegado a poseer del todo. "Tengo de ti", afirma, dirigiéndose a la primavera, "esta tristeza / del que ardiendo de esperanza por el fruto jugoso / arde también de ternura por la flor". La primavera que vive es un valor en sí, pero en la medida en que la intuición de esta primavera le deja entrever la posibilidad de una plenitud aún mayor (la de la fruta y no ya sólo la de la flor), le deja insatisfecho y triste, deseoso de poseer esa posibilidad de vida más plena que aún se le escapa. La paradoja así consiste en que sea una misma intuición, una misma primavera, la que, por un lado, despierta su fervor y, por otro, lo hunde en la melancolía.

Me parece que uno de los principales logros del poemario en su conjunto consiste precisamente en la delicadeza y en la precisión con que el poeta va planteando los muy diversos rasgos de la contradicción básica que acabo de señalar entre tristeza y entusiasmo, entre esperanza y postración espiritual. A veces parece imponerse el desánimo, a veces el fervor, pero raras veces se articula uno sin que la presencia —explícita o implícita— del otro sirva de contrapunto. Un hermoso ejemplo de esta tensión se da en el poema IV, "(Desgana)", que arranca con el siguiente reclamo ingenioso: "¿Qué tienes hoy, alma mía, / que soy yo el que tiene que tirar / de ti, como se tira / de esas ilusiones antiguas, gastadas ya, / que no sabemos enterrar?" (p. 18). La ilusión, en efecto, no pasa impune por las asperezas de la vida. Pero en *La luz provisional* el desánimo no siempre se resuelve, como en este caso, con el regaño más o menos risueño que el poeta dirige a sí mismo (o en todo caso, a su alma). Un buen ejemplo del profundo grado de desmoralización a la que se puede llegar lo ofrece el poema XVI, cuyo título "(31 de diciembre)" ubica la acción justamente en el instante en que, según el poeta, la inminencia de una vida nueva (en este caso, la proximidad de un año nuevo) nos alerta con respecto al vacío en que nuestra pobre existencia cotidiana ha transcurrido hasta ahora:

> Hora nostálgica en la que nada
> nos mitiga esta amargura de ser sólo lo que somos:
> ni lo amado seguro, ni lo anhelado ya nuestro.
> Anhelo, esperanza y consuelo nos son cosas lejanas
> que una honda desgana hace inmensamente ajenas.
> Tristeza elemental, aguda,
> como el desencanto de lo conseguido,
> cruel porque sabemos que es inconsolable,
> que habremos de olvidarla
> sin haber podido encontrarle remedio. (pp. 36-37)

Pero si en ciertos momentos, como aquí, la desgana es mucha, en la experiencia recreada en *La luz provisional* resulta no menos decisiva la fuerza del fervor. De hecho, hay momentos en el poemario cuando el estímulo recibido de la naturaleza resulta tan intenso que el poeta parece entrar en una especie de éxtasis contemplativo, que nos recordaría los raptos de un San Juan de la Cruz si no fuera que, en *La luz provisional*, la trascendencia se traduce en términos de un panteísmo del todo inmanente. Es decir, esta poesía de Segovia se inscribe en la gran tradición romántica-simbolista que encuentra su máxima expresión en la contemplación del mundo natural. No se trata, claro está, tan sólo de que el poeta acuda a la naturaleza en busca de imágenes con que expresar sus sentimientos (recurso en sí tan antiguo como el lenguaje humano). Lo que ocurre es más bien que el poeta va descubriendo en la naturaleza —en los árboles, en el cielo, en el viento, en el sol o en las nubes, y muy especialmente en la relación entre todos ellos— la presencia del orden armonioso que rige tanto el mundo que el poeta tiene a su alrededor como el mundo de su propia vida interior, que en realidad, gracias al proceso mismo de contemplación, llegan a ser una y la misma cosa. En tanto poeta, su trabajo consiste, entonces, en buscar ese absoluto y en plasmarlo en su poesía. En esta búsqueda habrá momentos de "embeleso" y de "dulce trastorno" en que el poeta parece intuir los "espacios infinitos" de la eternidad (por ejemplo, en el poema XX); sin embargo, vistos en su conjunto, los poemas de *La luz provisional* parecen confirmar que, al contrario, la visión completa (es decir, la iluminación *definitiva*) no es posible en esta vida. Sólo en la muerte puede lograrse esa transfiguración total. Y mientras la visión final no llegue, toda tentativa de conocimiento será sólo una aproximación: esperanzada, en tanto permite una mayor cercanía a la intuición final; desalentadora, en cuanto una y otra vez recuerda al poeta cuanto lo separa todavía de su meta. Con todo, se trata de una meta que el poeta se empeña en buscar, con la palabra no menos que con la mirada, impaciente ante los obstáculos sobrehumanos que se le oponen. En el poema XXIV, por ejemplo, leemos

> Naturaleza, qué bien logras afuera
> lo que quisiera, adentro, lograr el alma:
> la tranquila plenitud,
> exuberante y secreta,
> la abundancia justa, la pluralidad segura.
> Mi espíritu ha de ser como tú,
> Naturaleza, igual a ti,
> en perezosa magia,
> en apretada riqueza, en retenido aliento.
> ¡Naturaleza, mi espíritu ha de tener,
> como tú,
> el hastío bellísimo de las cosas plenas! (pp. 50-51)

Ahora bien, en la formulación de esta visión romántico-simbolista del mundo resulta indudable la deuda muy grande que Segovia ha contraído con el poeta español Juan Ramón Jiménez. Porque, si bien es cierto que en tal o cual momento de *La luz provisional* se oyen ecos, de repente, de un modernista hispanoamericano como Rubén Darío, salta a la vista que el mundo de Segovia difícilmente podría estar más alejado de la parafernalia —de pálidas princesas, de púberes canéforas y de olímpicos cisnes de nieve— que marca la pauta algo *kitsch* de gran parte de la obra del nicaragüense.[2] Con el poeta de Moguer, en cambio, la afinidad es casi total. De la sencillez casi franciscana, tanto de ritmo como de dicción, de Juan Ramón Jiménez procede, sin duda, el lenguaje asimismo muy depurado con que *La luz provisional* se viste (un lenguaje que apenas reconoce más tradición que el lirismo íntimo de Bécquer, la música callada de San Juan de la Cruz y el arroyo claro y transparente de la lírica popular). Veamos, entre muchísimos otros ejemplos que se podrían citar, el siguiente poema del libro *Piedra y cielo*, que Juan Ramón publicó en 1919:

> Eternidad, belleza
> sola, ¡si yo pudiese,
> en tu corazón único, cantarte,
> igual que tú me cantas en el mío,
> las tardes claras de alegría en paz!
>
> ¡Si en tus éstasis últimos,
> tú me sintieras dentro,
> embriagándote toda,
> como me embriagas todo tú!
>
> ¡Si yo fuese —inefable—,
> Olor, frescura, música, revuelo

[2] Desde luego, hay ecos del Darío de *Azul...* en la imagen del "purísimo azul de tu horizonte" con que al final de "La primavera triste" Segovia alude a su propio ideal poético. Por otra parte, es difícil leer el suspiro que articula el primer verso de la segunda estrofa del mismo poema, "Ay, primavera, divina primavera", sin tener presente la "Canción de otoño en primavera" de Darío, con su célebre arranque: "Juventud, divino tesoro, / ¡ya te vas para no volver...!" Véase Darío, *Azul... Cantos de vida y esperanza*, ed. Álvaro Salvador, Madrid, Espasa Calpe, 1992, p. 223.

En la infinita primavera pura
De tu interior totalidad sin fin![3]

En este poema de Juan Ramón Jiménez vemos el mismo diálogo íntimo entre el poeta y la belleza del mundo a su alrededor que hemos encontrado en los versos de Segovia: un diálogo que, en ambos casos, se formula en términos de una "infinita primavera pura". Son intensos los momentos de embriaguez contemplativa, pero al igual que en los versos de Segovia, recorre el poema una honda conciencia de todo cuanto separa aún al poeta de la plena posesión de ese ideal: "Si yo pudiese [...] cantarte", "Si yo fuese... —inefable—, / olor, frescura, música"... Es decir, las coincidencias de visión y de expresión me parecen indiscutibles. Pero el magisterio de Juan Ramón Jiménez, sin duda, va más lejos todavía, llegando a influir tanto en la noción que Segovia demuestra tener de su propia vocación poética, como en la dedicación casi exclusiva —por no decir en la fe casi heroica— con que asume esa vocación. Porque, en efecto, uno de los rasgos que más llaman la atención de este primer libro suyo es la seguridad que el autor tiene en sí mismo y en su propio destino como poeta: Juan Ramón nunca dudó del valor más general que pudiera llegar a tener una obra creada a partir de un sentimiento individual, con tal de que ese sentimiento fuera suyo, y parece que el autor de *La luz provisional* tampoco.

Creo que la importancia concedida al sentimiento es un asunto que debemos tener muy presente si queremos entender el lugar singular que esta poesía, la del joven discípulo no menos que la

[3] Juan Ramón Jiménez, *Segunda antología poética (1898-1918)*, ed. Javier Blasco, Espasa Calpe, Madrid, 1998 (Colección Austral), p. 380.

del veterano maestro, ocupó en el panorama de la lírica contemporánea de lengua española. Porque si hay algo que los sucesivos movimientos de vanguardia quisieron expulsar de la república de las letras fue justamente una obra sostenida y sustentada en la vida sentimental de un sujeto lírico. Tras la célebre muerte de Dios, anunciada por Nietzsche en pleno siglo XIX, sobrevino una crisis de valores que fue minando cada vez más la validez de las emociones, los juicios y los sentires de ese sujeto ("su Majestad el yo") que había ido protagonizando la poesía desde el Romanticismo en adelante.[4] La cultura nacional, el inconsciente colectivo, la enajenación social, la lucha de clases, la causa feminista, o incluso la salud y el vigor del propio lenguaje: en el siglo XX el poeta de vanguardia echó mano de todo tipo de pretexto en su frenético esfuerzo por asegurar la trascendencia de su obra. Pero hacia el sentimiento individual, hacia las efusiones del alma o del corazón, repito, no mostró más que un firmísimo rechazo. Y claro, ir en contra de ese rechazo para revindicar la integridad del sujeto y de sus sentimientos suponía cuando menos la marginación de la obra de todo aquel que se atreviera a tomar tal camino. Por lo mismo, la devoción de Segovia por Juan Ramón Jiménez (y por los valores que el poeta mayor defendía) lo colocó en una situación poco envidiable, que lo obligó a nadar contra la corriente dominante desde el inicio mismo de su carrera.

Conviene señalar que la influencia de Juan Ramón fue notada en seguida por los primeros lectores de *La luz provisional.* Escribiendo en la revista *Las Españas*, el exiliado español Isidoro En-

[4] Sigo aquí a Agustín Sánchez Vidal, "Extrañamiento e identidad de 'Su majestad el yo' al 'Éxtasis de los objetos'", en Víctor García de la Concha (ed.), *El surrealismo*, Taurus, Madrid, 1982 (El Escritor y la Crítica), pp. 50-73.

ríquez Calleja no tuvo empacho en declarar que "las lecturas que mejores huellas dejan en Tomás Segovia son las de Juan Ramón Jiménez". Y para que esta observación no se malinterpretara, agregó lo siguiente: "Eso es una ventaja, pues el autor de *Arias tristes* constituye, al par que una fuente cristalina de poesía pura, un paradigma de rigor y disciplina". Es decir, para Enríquez Calleja, Segovia no podía haber escogido un modelo más apropiado para escribir su obra, una obra que por otra parte le parecía muy bien lograda: "Es el primer libro de un poeta joven", concluyó. "Poeta de verdad y auténtico. No lo afirmamos con esa intención estimulante que sugiere la crítica para las obras de los jóvenes; no. Hemos leído el libro muchas veces a fin de librarnos de lo que pudiera ser la ofuscación de una primera lectura". [5]

Pese al entusiasmo expresado por este crítico (y por desgracia, no he podido dar con más reseñas del libro), repito que, en ese momento, apostar por la poesía simbolista de un poeta como Juan Ramón Jiménez resultó algo polémico —y, más aún, en el contexto del exilio español. Desde luego, no es que todos los exiliados estuvieran personalmente peleados con el autor de *Platero y yo*, pero el suyo no era el modelo que muchos republicanos hubieran querido para la nueva generación de jóvenes exiliados, en quienes, como era natural, tenían depositadas tantas esperanzas para el futuro desarrollo cultural de su país. Fue el caso, por ejemplo, de Max Aub. En un artículo escrito apenas unas semanas después de la aparición de *La luz provisional*, y dedicado justamente a evaluar los comienzos literarios de esta nueva generación, Aub censuró,

[5] Isidoro Enríquez Calleja, "*La luz provisional* por Tomás Segovia", *Las Españas* (México D.F.), febrero de 1951, núms. 19-20, p. 26.

y con mucha severidad, el conformismo que veía más o menos generalizado en la poesía de estos jóvenes:

> Veo a estos mozos contentarse con poco, con ir tirando, influenciados en esto por sus familiares, que todavía sueñan con una calle de Alcalá que, a estos muchachos, habría seguramente de parecer angosta y provinciana. Es una generación terriblemente respetuosa, que se conforma con que el mundo los vaya royendo. Les falta empuje, o, como dicen mejor los catalanes: *empenta*.

Si bien los versos que cita en su nota son obra de Alberto Gironella, de Luis Rius, de Jomi García Ascot y de Manuel Durán, Aub deja claro que sus críticas se hacen extensivas a todos los que colaboran en las tres revistas editadas entonces por esa generación: *Clavileño*, *Presencia* y *Hoja*. A todos ellos los considera "flacos, templados, desfallecidos, acobardados". En tanto jóvenes escritores, reclama Aub, ni siquiera tienen el valor de descubrir y reivindicar su propia tradición literaria: "sus gustos van exactamente hacia los autores gustados no sólo por la generación anterior, sino por la nuestra: Proust, Kafka, Joyce, Dos Passos, Hemingway, Faulkner. Lo mismo sucede en poesía: Juan Ramón, Apollinaire, Eliot". Si bien lamenta el carácter inestable e indeciso de sus posturas políticas, lo que Aub espera de estos jóvenes no es una literatura de consignas, sino más bien una obra que tome una actitud más positiva respecto al momento histórico que les ha tocado vivir. En lugar de entusiasmo y arrebatos de juventud, dice encontrar tan sólo las débiles quejas de unos mal adaptados, que se contentan con vivir al margen de todo, aspirando, cuando mucho, a formar parte de una minoría intelectual del tipo fomentado en la década de los años veinte por el filósofo Ortega y Gasset. "Daría cualquier cosa", concluye Aub, "por verlos enfrentarse y confundirse con la vida, con la energía de su juventud, y sacudirse ese polvo romántico y existencialista, que nosotros recibimos, hace veinticinco años, a través de la *Revista de Occidente*".[6]

No sabemos si, cuando redactó esta durísima advertencia, Aub ya hubiera leído o no el libro de Segovia. Lo que sí resulta indudable es que, en el caso de haberlo leído, no encontró en él todo el fervor, toda la esperanza afirmativa, que Segovia seguramente creía haber dejado expuestos en él. Por otra parte, salta a la vista que la escasa estima que Aub expresa aquí por la obra de Juan Ramón Jiménez, en tanto poeta de la escuela romántica-simbolista, tampoco coincidía con la valoración que Segovia ya desde hacía tiempo se había formado del futuro Premio Nobel. Curiosamente, en una conferencia dictada en 1954 (el primero de cinco trabajos que durante los años cincuenta dedicaría a la obra de Juan Ramón Jiménez), Segovia explicó en detalle, ya que no las virtudes intrínsecas de libros como *Diario de un poeta recién casado* (1917) y *Piedra y cielo* (1919) o, más recientemente, como *Romances de Coral Gables* (1948) y *Animal de fondo* (1949), sí las razones por las cuales éstas le parecían obras plenamente actuales,

[6] Max Aub, "Una nueva generación", *Sala de espera* (México D.F.), junio de 1950, núm. 21, pp. 12-15. Al final del texto figura la acotación: "México, enero de 1950". Conviene señalar que Aub no siempre se expresó con esta severidad al ocuparse de los escritores hispanomexicanos. Al reseñar, por ejemplo, el primer número de *Presencia*, Aub afirmó, entre otras cosas, lo siguiente: "Unos jóvenes españoles, formados en Francia y en México, con la colaboración de estudiantes mexicanos, acaban de lanzar una revista muy interesante. Al contrario de otras muchas parece que estos mozos saben lo que quieren, es decir, tienen una idea bastante clara de qué se está debatiendo en el mundo". Nota firmada con el seudónimo El Avisador, "Cultura", *Ultimas Noticias* (México), segunda edición, 16 de julio de 1948; *apud* Eugenia Meyer, *Tiempos mexicanos de Max Aub. Legado periodístico (1943-1972)*, FCE/Fundación Max Aub, Madrid /Segorbe, 2007, pp. 370-371.

obras que, por ello mismo, le ayudaban a fijar su propia posición ante la poesía lo mismo que ante la vida.

Oponiéndose tajantemente a la reacción que siguió al Romanticismo y que a su juicio optó por la abstracción (es decir, por el formalismo), de un lado, y por la propaganda y las consignas (es decir, por el compromiso político), de otro, en esta conferencia Segovia hizo una exaltada reivindicación de la obra de Juan Ramón Jiménez, cuyo humanismo estético y moral le parecía un baluarte invaluable desde donde combatir la deshumanización y la enajenación que, a su juicio, constituían la cultura moderna en general:

> Hoy que todas las actividades del espíritu intentan definir su función y sus responsabilidades, hoy que, como hemos visto, el espíritu de descomposición, de aislamiento y de abstracción amenaza nuestra realidad, nuestra carne y nuestra alma, creo que podemos tomar posición de lado de una poesía que asuma en su contenido la significación de sus presupuestos; de una poesía que, sabiendo que supone la vida y la vida humana, no se dedique a injuriarla o a suplantarla; de una poesía, por ejemplo, llena de entusiasmo y de fe en estas cálidas verdades inmanentes, llena de ese inmanentismo que Juan Ramón Jiménez no se ha cansado de exaltar.[7]

[7] Tomás Segovia, "Actualidad de Juan Ramón", *Cuadernos Americanos*, enero-febrero de 1954, vol. 73, núm. 1, pp. 255-272; recogido en *Ensayos II. Trilla de asuntos* UAM, México D.F., 1990, pp. 315-337 (la cita en las pp. 326-327). En este mismo tomo II (pp. 337-353) de sus *Ensayos* se publica un segundo texto sobre "Juan Ramón Jiménez", *Universidad de México*, vol. XI, marzo de 1957, núm. 7, pp.1-2, 8-11. Por otra parte, en el tomo I (pp. 51-103) se recogen otros tres textos que datan de estos mismos años: "Juan Ramón o el artista", *México en la Cultura*, suplemento de *Novedades*, 8 de junio de 1957, núm. 482, p. 3; "Juan Ramón Jimé-

Alguien que tenía plena conciencia de todo cuanto significaba el ejemplo de Juan Ramón Jiménez para el joven Tomás Segovia fue el pintor y poeta Ramón Gaya, quien, al igual que Emilio Prados, hizo mucho para que el joven exiliado encontrara su camino. En un breve texto leído en 1949 con motivo de una lectura de sus primeros versos que Segovia hizo entonces en el recién creado Ateneo Español de México (una lectura que sin duda habrá incluido varios poemas de *La luz provisional*), Gaya no sólo subrayó la importancia del ejemplo de Juan Ramón, sino que también alabó el valor del joven poeta en haber asumido la misma postura. "En su decidida inclinación por un poeta como Juan Ramón Jiménez, tan clásico y venidero, es decir, tan fuera de moda ya", afirmó Gaya,

> se me figura ver, además de un homenaje, el disgusto por toda esa retórica suelta, indecisa, blanda, que forman esos poemas como fardos, a donde va a parar todo, todo un material neutro, compuesto de lirismo, filosofismo, socialismo, sexualismo, etcétera; esto es lo que se llama hoy ser un poeta que no vive al margen de su tiempo, que no está en las nubes, que no esquiva las cuestiones del presente. Yo comprendo que toda república bien organizada expulse de su seno, como dicen, al poeta, pero lo que no comprendo es que se quiera convertir al poeta en otra cosa.

Segovia parece haber sabido desde un principio cuál era su destino como poeta. Así, a lo largo de una larga y rica carrera había de mostrar una fidelidad absoluta a los valores tan bellamente

---

nez ayer y hoy", *La Torre* (Puerto Rico), julio-diciembre de 1957, núms. 19-20, pp. 341-362; y "Homenaje" (un inédito que data de 1958).

plasmados en su primer poemario. Ante las sucesivas modas que bajo la bandera de la vanguardia se pondrían a la venta en el mercado de valores líricos del siglo XX, Segovia había de mantener la misma intransigencia que la que reivindica Gaya al final de su nota de 1949: "Un poeta, es decir, un artista, ha sido siempre un ser extemporáneo, difícil, fuera de lugar y tiempo, desentonante; quemémoslo, si eso es absolutamente necesario para la tranquilidad de todos, pero no lo deformemos".[8]

El siglo XXI lleva ya más de diez años de vida. Puede ser que haya llegado por fin el momento de hacer una revisión de la obra de los poetas del siglo pasado que los historiadores de lo inmediato han querido legarnos como valores inamovibles. Puede ser que haya llegado el momento de revisar nuestra apreciación de lo que se ha dado en llamar la vanguardia, de sopesarla en sus distintas reencarnaciones, como también de releer la obra de quienes en diversos momentos nadaron en contra de esa corriente central de la cultura del siglo XX. Ninguna etiqueta, desde luego, es garantía de calidad. Hay autores de vanguardia que, ansiosos por estar siempre al día, por escribir una poesía al estilo de X o de Y, nos han dejado una obra que, exitosa en su momento, hoy en día reviste un interés puramente histórico. Al mismo tiempo, hay poetas de una obra más tradicional que, justamente por querer rescatar lo que en la vida humana pueda haber de positivo y de armonioso, por que-

[8] Ramón Gaya, "Presentación de Tomás Segovia (en su primera lectura de poemas)", *Obra completa*, ed. Nigel Dennis e Isabel Verdejo, pról. Tomás Segovia, Pre-Textos / Sociedad Estatal de Conmemoraciones Culturales, Valencia / Madrid, 2010, pp. 282-283. Sobre el diálogo entre los dos españoles, puede consultarse el trabajo reciente de Judite Rodrigues, "Tomás Segovia en sus acercamientos a la pintura: la impronta de Ramón Gaya", en Manuel Aznar Soler y José Ramón López García (eds.), *El exilio republicano de 1939 y la segunda generación*, Renacimiento / GEXEL, Sevilla, 2011, pp. 765-773.

rer combatir la angustia y la incomunicación que la vanguardia tanto ha ensalzado, nos brindan una experiencia estética mucho más rica y más provechosa de lo que los críticos y los historiadores hasta ahora han estado dispuestos a reconocer.

La poesía de Segovia, como la de Juan Ramón, no es una poesía que desconozca el horror de la vida moderna. Pero sí es una poesía que pugna por restaurar la armonía que el hombre moderno parece empeñado en destruir. Segovia tiene plena conciencia de los graves problemas que amenazan la sociedad, pero en tanto poeta se niega a convertir su poesía en mero testimonio o reflejo de tal o cual coyuntura. Todo momento es *provisional*: la tarea del poeta, como hemos visto en este primer libro suyo, consiste en trabajar a favor de una luz más *definitiva*. Pero repito que no hay nada escapista en ese esfuerzo de construcción, o creación, estética. "La poesía puede ser hoy testimonio", afirma Segovia en su ya citado ensayo sobre Juan Ramón Jiménez,

> de que no tenemos que avergonzarnos de amar la vida incondicionalmente, puesto que, amándola, la querremos en las mejores condiciones, pero sólo en este amor incondicionado, sólo amándola *incluso* en las peores condiciones, desearemos las mejores condiciones *para* ella, pero no *por encima* de ella. La poesía puede dar testimonio del derecho y del deber de esperar contra toda esperanza, de amar aun en el odio, de desear la dicha aun en el desastre.[9]

Si bien toda la obra poética de Segovia encarna una admirable fidelidad a esa meta, no deja de ser conmovedor comprobar, también, que las bases de esta fe fueron sentadas —con valor y con

[9] Tomás Segovia, "Actualidad de Juan Ramón", ed. cit., p. 331.

amorosa entrega— en ese primer libro suyo, *La luz provisional*, escrito cuando el poeta apenas alcanzaba los veinte años.

CARTAS DE UN JUBILADO O CÓMO REPENSAR EL MITO DE DON JUAN

Raquel Serur
Universidad Nacional Autónoma de México

El recurso a la novela epistolar fue muy frecuentado por los escritores de los siglos XVIII y XIX. Muchas de las novelas de mayor éxito se escribieron por ellos teniendo en cuenta que el género les ofrecía una ventaja especial: la posibilidad de acudir a la ficción y, a un tiempo, dar la impresión al lector de estar presenciando una realidad inmediata, esa que queda plasmada en toda carta. En el género epistolar, el lector, al igual que el receptor de la carta, cree tener acceso directo a lo que el personaje en cuestión siente y piensa sin que se perciba la interferencia del autor de la novela. El lector se convierte así en una especie de *voyeur* privilegiado para quien todo un mundo de riqueza emocional, vital y social se abre al quedar plasmado en el conjunto de las cartas.

Todos hemos leído con placer al menos una novela epistolar. En nuestro medio *Pamela* de Samuel Richardson o *Las relaciones peligrosas* de Choderlos de Laclos son quizá las más conocidas. Con esta última, nos involucramos como lectores a tal punto en la intensidad de la relación entre los personajes que la marquesa de Merteuil y el vizconde de Valmont terminan siendo parte de nuestra educación sentimental como lo serían un pariente o un amigo admirado.

Tomás Segovia, en pleno siglo XXI decide retomar el género epistolar para la escritura de *Cartas de un jubilado,* la novela que nos ocupa. Es, pensé en un primer momento, una apuesta un tanto cuanto arriesgada. Sin embargo, me adelanto un poco, Segovia sale airoso y voy a intentar explicar por qué.

En *Cartas de un jubilado* Tomás Segovia nos propone un juego muy interesante de entrada. Los personajes principales, habitantes del siglo XXI como cualquiera de nosotros, son, al mismo tiempo, personajes atemporales en tanto que son personajes míticos. Se trata nada menos que de Don Juan y Doña Elvira.

En términos formales Segovia crea el suspense de la novela al omitir de la correspondencia las respuestas de Doña Elvira. Es decir, el lector sólo va a conocer las cartas de Don Juan y va a tener alguna idea de lo escrito por Doña Elvira a partir de lo que Don Juan le responde a ella. En definitiva, nos enfrentamos a una novela epistolar escrita por un personaje de ficción a otro personaje de ficción: Don Juan, quien escribe a Doña Elvira. Pero, al mismo tiempo, estos personajes de ficción parecieran tener una doble sustancia al ser también partícipes del mundo y de las cosas que nos rodean a nosotros como lectores. Es decir, también son Juan y Elvira, dos personas mayores que fueron amantes en su juventud.

Aquí entramos a otra dimensión interesante de la novela. A mí sinceramente me parece fascinante la idea de un Don Juan jubilado de su donjuanismo. Es decir, un seductor jubilado es, en principio, un contrasentido y sin embargo, Tomas Segovia logra que no lo sea al proponer una nueva dimensión del mito en esta novela.

En un primer acercamiento a *Cartas de un jubilado* resultaría casi imposible pensar que un escritor pudiera ofrecer una nueva versión del mito de Don Juan en pleno siglo XXI; ni la escritura de cartas (en la era del Twitter) ni el Don Juan (en la época de la gimnasia amorosa) parecieran tener cabida en una sociedad en donde la escritura de cartas ha entrado en desuso y "el amor" se ha abaratado y se ha vuelto objeto de consumo. Sin embargo, a pesar de todas estas dificultades, Segovia logra dar una vuelta de tuerca más al mito de don Juan y ofrece a sus lectores una nueva versión del mito con *Cartas de un jubilado*.

Tratemos de explicar esta idea haciendo un poco de historia.

Uno de los personajes literarios más visitados en la modernidad es, sin duda, el de Don Juan. ¿Por qué, nos preguntamos, este personaje creado por Tirso de Molina ha capturado la imaginación de escritores, músicos o filósofos tan diversos entre sí como un Zorrilla o un Byron; un Mozart o un Kierkegaard, por ejemplo?

Es evidente que al preceder y trascender lo literario, en el acto mismo de su creación, el personaje cobra otra dimensión y adquiere la categoría de mito. ¿Por qué Don Juan se elevaría a la categoría de mito si no es por la necesidad que tiene la sociedad de darle una explicación a un cierto tipo de conducta humana? Si bien en su creación, tanto Tirso como más tarde otros autores, tuvieron el imperativo de dar una lección moral a través de mostrar que el seductor no puede seducir impunemente, también es cierto, por ejemplo, que el Don Juan romántico de Zorrilla obtiene el perdón aunque sea en la otra vida. Los matices morales con que cada escritor pinta al Don Juan son variados y responden a la época histórico-social en que cada uno de ellos encarna. Lo que sí comparten la mayoría de estos Don Juanes es el espíritu anárquico del seductor que no sólo desobedece las convenciones sociales, sino que abiertamente las desafía. Además, no contento con esto, Don Juan lleva su rebeldía al límite al cuestionar la existencia misma de Dios. Es justamente esto lo que se castiga en la obra de Tirso. La última escena es muy impactante en tanto que vemos cómo todo ese despliegue de fogosa vitalidad y seducción terminan por hacer caer a nuestro personaje y consumirse en las brasas del infierno. Seguramente, la intención moralizante de Tirso era mostrar eso justamente: cómo el seductor de mujeres no dejará este mundo sin recibir el peor de los castigos: el de la eternidad en las llamas del infierno. Obviamente la lección moral de Tirso para el espectador católico era clara. El temor al infierno podría ser quizá el único freno poderoso para que, aquel hombre que sintiera el impulso irrefrenable de la seducción se contuviera al pensar que el castigo divino no se dejaría esperar y que éste no sería pasajero, sino eterno.

Independientemente de lo dicho, el hecho es que pasan los siglos y el personaje sigue teniendo vigencia y fascina no sólo a las mujeres a quienes seduce, sino también a los espectadores o lectores que se acercan a alguna de las versiones en que encarna el mito de Don Juan. Seduce por lo abierto de su conducta y por la pasión que pone en ella; por su frescura e irreverencia; por su gallardía y por el magnetismo de su masculinidad; en suma, por un don innato, el de la seducción.

Ahora, si bien reconocemos que el mito del Don Juan ha atrapado la imaginación de los escritores a lo largo de los siglos, también es cierto que en el siglo XX y en lo que va del XXI pocos se han atrevido a vérselas con este mito singular. Pareciera que Leopoldo Alas Clarín con su novela *La Regenta* retoma el mito para mostrar por qué éste ya no tiene cabida en el mundo occidental moderno. Al hacer una radiografía moral de la sociedad burguesa española de finales del XIX, el don Juan, en la pluma de Clarín, termina por ser un don Juan empequeñecido y pequeñoburgués, un coleccionista de mujeres más que un Don Juan verdadero.

Por todo lo anterior, es posible pensar que por la naturaleza propia del mundo moderno el Don Juan ya no puede ser otra cosa que un remedo. Retomar el mito para trabajarlo literariamente en lengua española nos pareció una aventura arriesgada y difícil por decir lo menos. Tomás Segovia entra a la aventura y sale más que airoso de ella.

La nueva vuelta de tuerca que da Segovia al mito es la de jubilar a don Juan de su donjuanismo y así regresarlo al mundo de la ficción. La veta irónico-crítica de Tomás Segovia apunta a mostrar que la única aventura posible en el mundo moderno, en el mundo de las desilusiones de la modernidad, es la aventura intelectual y que, de esta manera, la aventura erótico-teológica propia de Don Juan sólo puede existir como una suerte de retorno a su matriz original, la seducción en y por la palabra escrita. Por eso las cartas, que se presentan como un recurso literario intermedio entre la realidad y la ficción, son el medio idóneo para consumar esta aventura. De esto da fe el final de la carta 4, donde Juan le dice a Elvira: "Lo que te estoy proponiendo, como ves, es que compartas conmigo otra clase de aventura, que a lo mejor resulta más apasionante y vertiginosa que cualquier otra".[1]

En *Cartas de un jubilado*, el lector sabe de entrada que no se va a enfrentar con el conquistador joven con un futuro por recorrer, sino que se va a encontrar con un conquistador con un pasado recorrido. Un Don Juan que acude a la complicidad de Doña Elvira para reflexionar sobre él en un doble sentido: en el del tiempo humano, como un seductor en el más amplio sentido del término, y en el histórico, como mito a lo largo del tiempo.

[1] Tomás Segovia, *Cartas de un jubilado*, México, Universidad del Claustro de Sor Juana y Ediciones Sin Nombre, 2010, p. 19.

Para deleite del lector, en el tiempo humano, Tomás Segovia nos hace reparar en ciertos rasgos del seductor que podrían parecer banales o incluso pedestres, pero que tienden a confirmar que lo que le importa a Don Juan es el hecho de la seducción y que seducir es algo que tiene que ver con lo más preciado a lo que puede aspirar el ser humano: la libertad. A Tomás Segovia le queda claro que la búsqueda de Don Juan se contrapone siempre a la domesticidad del amor burgués. Sugiere así —y en la sugerencia está implícita la crítica— que el amor doméstico burgués vive del sacrificio de ese otro tipo de amor, del amor como aventura en donde lo que se pone en riesgo es la totalidad del ser de los amantes.

En la carta 41 Don Juan se da el lujo de reflexionar sobre ese otro seductor que es Casanova para contraponerlo al marido burgués.

> Lo que sí es verdad es que Casanova (ese personaje de la realidad, no el de la moralina) ama la libertad, y cuando sale, quiere salir en toda libertad. O sea ante todo libre de manos: desarmado, todo lo contrario de un cazador. Su libertad es ante todo la libertad de caer en todas las trampas y de no defenderse de ningún dardo y ningún anzuelo. El verdadero predador querida es el marido burgués que se paga una puta a escondidas o hace el amor con una secretaria sin reconocerle ningún derecho ni ningún valor. Pero a ese nadie se le ocurriría llamarlo "seductor" para someterlo a brillantes análisis psicológicos. Tampoco es un verdadero burlador; no engaña a nadie: todos, incluso él mismo, saben que es un cerdo.[2]

[2] *Ibid.*, p. 189.

Resulta difícil citar extractos de las cartas sin temor a descontextualizarlas, porque lo peculiar del género es que no es una carta en particular o un trozo de ella lo que importa, sino que es la manera en que fluye la escritura para conformar un todo armónico. De cualquier modo, no quiero dejar de sustraer un pasaje, a manera de ejemplo, para mostrar cómo vuelca Tomás Segovia su reflexión sobre el mito en la Historia. Éste es sólo un botón de muestra en donde Don Juan, el personaje, mira con desdén la intensión de Tirso o de Kierkegaard y cuestiona a ambos autores calificándolos de teólogos especulativos y acres inquisidores.

> Présteme usted oído, delicada Cordelia, preste oído a su perseguido Johannes. Considere que era natural que no me comprendieran ni el falso fraile Tirso de Molina ni el falso pastor Sören Kierkegaard, los cuales a fuer de especulativos teólogos y acres inquisidores empedernidos, desde el comienzo no querían conocerme, sino condenarme, siquiera fuese al precio de torcer y disfrazar mi figura. Pero usted, idolatrada señorita Cordelia, no pudo ignorar cuál era mi miedo. Yo había puesto en manos de usted la cuestión de mi alma. Era su amor el que yo había aceptado que me diera un alma, y sin él nunca pudiera elevarme a la condición humana verdadera.[3]

El mito más importante de la historia del erotismo occidental es, sin duda, el mito de Don Juan. Tomás Segovia, seductor osado, decide incursionar en una nueva refundición del mito para regalarnos *Cartas de un jubilado*, su primera novela que saludo con gusto por el enorme disfrute que me proporcionó descubrirla y dejarme seducir por ella carta a carta.

[3] *Ibid.*, p. 201.

RÉQUIEM PARA UN RONCO PECHO

RICARDO MALDONADO
Instituto de Investigaciones Filológicas, UNAM/
Universidad Autónoma de Querétaro

Creo no equivocarme al sugerir que buena parte de los ensayos que sobre el lenguaje escribiera Tomás Segovia emergieron de lo que con toda precisión él llamara el *Seminario de mi ronco pecho*, un espacio que se encargó de configurar las tardes de los miércoles de una buena cantidad de chavos que no podían eludir el magnetismo de una palabra que, sin dejar de oírse a sí misma, no dejaba de reflejar los aportes y limitaciones del saber salvaje, del saber en bruto. Porque en ese seminario Tomás hablaba de literalmente todo, todo lo que no podía dejar de considerarse considerable. A la luz de las preocupaciones de Tomás emergían temas que iban configurando el perfil de ese zoológico donde los miércoles por la tarde se encerraba una fauna cambiante atraída por una voz grave, un tanto ronca, que levantaba la vista para reconstruir la palabra de los que pensaron el universo con él. Ya desde la traducción, ya desde el ensayo y siempre desde la poesía, Tomás vivió en la promiscuidad con sus monstruos. La fauna cambiaba, como cambiaban los temas. Cuando empezó a hablar sobre Hjelmslev se dejaron caer los lingüistas de la ENAH, lingüistas como Alejandra Capistrán que acabó perfectamente deformada por el programa de lingüística del Centro de Estudios Lingüísticos y Literarios de El Colegio de México y no faltaba por ahí algún trasnochado de la UNAM cuyo nombre es mejor olvidar. Mientras, los poetas, los literatos y los jóvenes creadores de incalculable estirpe, de perfil único, se sacudían la ropa para evitar la infección lingüística y huían repudiando la digresión del poeta. Ante tal afrenta Tomás levantaba la mano para insultarlos con su más cruel descalificación y su más juguetona sonrisa, "¡paradigmáticos!" les llamaba apoyado en la mirada del lingüista danés, y de ahí nos metía en la consciencia de que lo paradigmático y lo sintagmático operaban en los juegos de la sustancia y de la forma, y que ello permeaba en todos los niveles de la lengua. Nada podía hacer un lingüista que sólo atendiera la forma; en la pura estructura faltaba la carne, porque la lengua lejos de ser dura y reglamentada era puntual y sutil. Pero claro, eso ya no lo oyeron los poetas que habían escapado de las cárceles analíticas de la gramática y a los lingüistas no les acababa de caer el veinte de cuán libre era la lengua que trataban de encasillar en estructuras rígidas. Si acaso los chavos del *Diccionario del español de México*, no todos, porque la mayoría eran poetas, veían en esas observaciones la naturaleza misma de su práctica lexicográfica cotidiana y empezaban a entender que en el detalle de una definición se manifestaba la estructura de la lengua toda.

De pronto el juego paradigmático hacía que el pecho de Tomás rugiera en las celdas de la antropología. El ser humano y sus sutilezas existían sí, pero el centralismo cultural europeo hacía de "lo otro" una simple anécdota. A la luz de Frazer y su *Rama dorada*, Tomás mostraba que al descalificar lo otro, al otro, las culturas dominantes no hacían más que negarse a sí mismas. La revisión del pensamiento salvaje, la identificación de lo salvaje en el pensamiento occidental le permitía reconocer en las aparentes variedades la esencia de lo mismo, la coincidencia profunda de la conformación humana en sus estructuras sociales, en sus tradiciones, en sus mitos. Aquello preservó a pocos lingüistas, sólo a ésos cuyo interés ya se orientaba al estudio de las lenguas indígenas, pero se acercaron, claro, los antropólogos. No es menos cierto que por ahí se volvían a aparecer algunos literatos trasnochados, como Pedro Serrano y el mismísimo José María Espinasa. Pero esos poetas llegaban enmascarados ante el pánico de ser identificados como estructuralistas. Nunca me dejó de llamar la atención que todos los libros que llevaban bajo el brazo normalmente iban descubiertos, pero al pobre de Lévi-Strauss le forraban con todo cuidado sus *Estructuras elementales del parentesco* para quedar libres de toda descalificación. Sólo Carlos Villanueva tenía el desparpajo de llevar lo *Crudo y lo cocido* sin tapujos, tanto en obra como en vida, ardua tarea en la que tuve el placer de acompañarlo si bien en forma modesta pero arrebatada. Por supuesto que la amenaza del dedito parado de Tomás y su consecuente acusación de "¡etnocentrista!" seguían estando a la orden del día, actitud con que Tomás no dejó de invitarnos a entender que, después de todo, eso de cruzarse con la prima no está nada mal.

Por supuesto que los poetas regresaron cuando las *Resistencias y otros ensayos* de Tomás se dedicaron a hacer sonar las campanas con que Juan Ramón Jiménez se despedía del mundo, a reconstruir la economía siempre sonora de Luis Cernuda, a admirar la prosa evidente de Ramón Gaya o a cuestionar la acusación de Paz de que Sor Juana se había puesto el hábito para preservar el vicio de pensar, como si en ella ese hábito no fuera su furia estructural. Y allí la mirada de búho de Carmen Boullosa se unió al ronco pecho del cantor del seminario para equilibrar los ojos huidizos de Coral Bracho que insistían en perseguir indistintos *Peces de piel fugaz,* mientras, Francisco Hinojosa pellizcaba en su flaca piel su vasto sentido del humor y Pancho Segovia no dejaba de ver en Tomás, "otra vez su rotunda claridad / su puro arder gloriosamente arriba / sin aire ni humareda", claridad y luminosidad contundentes que Liliana Weinberg se ha encargado de subrayar en sus estudios sobre la ensayística de Tomás.

Unos huían, otros regresaban enmascarados, otros quizá más ingenuos se quedaban amarrados a la silla para pescar lo que fuera, total todo iluminaba. Pero de pronto Tomás nos atrapó a todos. Ese ronco pecho resonó en cada uno de nosotros con sus *Miradas al lenguaje*, cuando decidió ir *De la misma lengua a la lengua misma*, porque su comprensión del lenguaje era la aprehensión no sólo del instrumento de comunicación, sino del mismísimo ser humano. Del lenguaje no escapa nadie. Esas reflexiones atrajeron el perfil teatral de Laura Sosa, la voz profunda que encerró a Francisco Torres en la poesía de Elytis y encantó la mirada ya encantada de Laura González Durán, así como la presteza aguda de Paulette Levy. Su búsqueda incesante de los fundamentos del lenguaje, de lo que él llamaba "su suelo", lo obligó a salirse de la estructura, en contra de Saussure, para encontrarlos en la relación dinámica entre el ojo y el oído, en la percepción como interpretación, en su fusión como sentido. "El ojo es penetrante y activo, el oído pasivo y receptor. El ser es el que parece nunca lo que suena". La verdad, veía Tomás, "se divide en evidente (lo que se ve sólo), y demostrada (lo que hacemos ver)". "Vemos lo que está ahí sustentado en sí mismo; oímos simplemente efectos de lo que se ve y cuando oímos sin ver la fuente del sonido, estamos oyendo voces". "El oído sin cuerpo visible es el modelo mítico de lo ilusorio, de lo fantasmal". Por supuesto que "en el sonido irradia lo irreal, o sea la señal", que en cuanto simbólica, fundamenta lo mágico, lo compartido, es decir lo promiscuo. Es la "otra luz" que hace ver que debajo de la realidad inmediata hay otra visibilidad: la que lo hace inteligible y le da sentido. "Hegel enunció que la realidad es racional; a su manera, la carne del hombre lo sabía desde siempre". Subyacía en el pensamiento del poeta una mirada fenomenológica, una consciencia de que la percepción no es el resultado casual de las sensaciones "atómicas", como todavía piensan quienes han seguido a Locke, los chomskianos, por ejemplo; sino que tiene una dimensión activa, en la medida en la que representa una apertura primordial al mundo de la vida (al *Lebenswelt*). Atento admirador de la fenomenología, adoptaba la idea husserliana de que toda consciencia es consciencia de algo, algo externo al sujeto y al ego, una consciencia intencional de lo otro, de lo que está fuera del sujeto consciente. Pero ante el peligro de caer en una mirada metafísica, con Merleau-Ponty reconocía la consciencia en la percepción como una noción concreta y fisiológica basada en lo real del cuerpo humano. Y allí volvía a parar su dedo para decir, "¡pero cuidado! no caigamos en la ingenuidad de pensar que es el ojo el que ve" y recordaba entonces los experimentos fenomenológicos que, en tiempos de guerra, como consecuencia de innumerables explosiones, obligaban a extraer el cristalino ocular de pacientes con riesgo de ceguera, con lo cual si la vista no se perdía, se perdía sí la capacidad de invertir la imagen luminosa que recibe la retina. El cerebro, acostumbrado a reinvertir las imágenes ahora sin cristalino dejaba las imágenes patas arriba y provocaba con ello las más desastrosas caídas en los pacientes recién operados. Pero claro, decía Tomás, prueba de que no es el ojo el que ve, sólo unas semanas después el cerebro había aprendido a ya no invertir las imágenes y el mundo quedaba una vez más con las patas en el suelo, al derecho, reconstituido, manipulable. El ojo no ve, ve la interpretación atenta a la percepción. Y allí la formación de imágenes mentales de la teoría de la Gestalt tenía mucho que decir porque esas imágenes ya formadas que se activan de un solo golpe determinaban que nuevas imágenes se compusieran acordes con sus antecesoras y las *conformaran* de manera análoga a como conformábamos leones y lagartos y dinosaurios y monstruos cuando de niños mirábamos las nubes en el cielo. Así como unas imágenes se ligaban a otras, así la mirada se hace lenguaje, pero eso ya no sorprende a nadie, diría Tomás, y al mismo tiempo, justo eso no deja de sorprendernos porque permite que las cosas silentes nos atosiguen con su ruido y que el viento tenga alas de metonimia sonora que nos abrazan, como lo sugiriera el ojo de doble córnea de nuestro poeta:

> El susurro del viento errante por la noche
> Que trae de los trasfondos de efusión solitaria
> Del tumulto callado de las cosas
> Y entre uno y otro soplo
> Con las alas abiertas cayendo por el tiempo
> La extensión del abrazo
>   de un dichoso yo mismo de musical ausencia
> Que bebe un hondo río de amor y de misterio
> Cuyas dos manos son
> Dos alientos disímiles.

Esa dualidad del aliento disímil era la del ojo y el oído cuya relación siempre dinámica no era menos presta que la relación entre el tiempo y el espacio, no sólo en la cognición, sino crucialmente en el lenguaje. Nada había de erróneo en la vaguedad, en virtud de que el mundo no podía reducirse al ahora. Ese ahora, diríamos hoy, sólo se da en la emisión, lo demás sucede porque el lenguaje oral se arraiga en el espacio y en el tiempo. Afirmaba Tomás que "cuando miramos no nos parece que vemos la luz, sino la cosa misma; cuando escuchamos tenemos clara conciencia de oír el sonido que no confundimos con la cosa. Primero se da la cosa, después su sonido". Pero la paradoja, o mejor dicho, la magia, es que lo que se despliega en una sucesión temporal existe en la memoria como una simultaneidad. La duración de un poema o de una sinfonía pueden estar congeladas en unas páginas que se despliegan sucesivamente en la longitud del tiempo y del espacio. La conclusión de Tomás es ésta: "esos fenómenos que proyectan un tiempo virtual y un espacio virtual son fenómenos de significación". Una manera asquerosamente lingüística de decir lo mismo es que la significación radica en la relación dinámica entre lo paradigmático y lo sintagmático. Bien se puede ver que en sus reflexiones pervivía la mirada de Hjelmslev con que arrancó aquel seminario de tan ronco pecho, la cosa, la misma cosa tenía una representación sintagmática que se desarrollaba en el tiempo y sólo bastaba cambiar de ángulo para ver en ella un paradigma entero de miembros relacionados que para el maestro danés compartirían un rasgo pertinente y que la lingüística contemporánea ha aprendido a reconocer como la entrada a una red compleja de significados como la que Tomás, fenomenólogo o poeta, igual da, enriquecía cargándola de sentido, reconociendo que la secuencialidad del tiempo era sólo una dimensión, engañosa como el ojo sin un oído que la reconociera. El nuevo punto de vista que crea el sentido del "ahora", ese que las ciencias positivas persiguen a ojo cerrado, sólo puede crearlo a partir de la referencia al sentido anterior e ingenuo de la simultaneidad y luchando por diferenciarse, no puede prescindir de ella. En el presente estamos en un punto, en sólo un espacio, en el ritual mismo de la emisión; pero en el tiempo estamos en todos los demás, vivimos en todos los demás, somos con Tomás en su *Cuaderno del nómada* ambulantes ya sin cuaderno: "Mi tienda siempre fuera de los muros. Mi lengua aprendida siempre en otro sitio. Mi bandera perpetuamente blanca. Mi nostalgia casta y caprichosa. Mi amor ingenuo y mi fidelidad irónica. Mis manos graves y en ellas un incesante rumor de pensamientos. Mi porvenir sin nombre. Mi memoria deslumbrada en el amor incurable del olvido. Lastrada en el desierto mi palabra".

Nuestra realidad se liga a nuestra experiencia inmediata "Nuestros demostrativos, aunque los digamos son visuales en su contenido. *Esa vaca* es la que puedo mostrar con un gesto, o sea la que se ve". Pero lo interesante es que eso que se ve no sólo se ve con el ojo. A las corrientes actuales funcionales y cognoscitivas de análisis lingüístico les ha llevado más de treinta años empezar a responder a las demandas del hombre del ronco pecho para representar "lo otro" en el análisis lingüístico. Apenas ahora empezamos a tener una manera de entender que en los demostrativos no sólo está lo que se ve sino la mirada consciente, la que ubica al hablante no sólo en la emisión sino en su herencia, en su proyección. De otra manera no se podría explicar que una lengua se diera el lujo de tener dos demostrativos locativos de proximidad como *aquí* y *acá*. ¿Para qué la repetición? Tomás lanzaría otro *enigma para lingüistas*: así como la rima asonante desbordaba los lindes de los paradigmas fonológicos que, por cierto, se explican naturalmente en la fonología cognoscitiva de corte silábico que ha venido desarrollando Boris Fridman, así la redundancia de los locativos pronominales rebasaría los de la morfología pura y dura. Las aproximaciones de corte cognoscitivo seguramente tuvieron que leer a Tomás para darse cuenta de que además de la representación locativa, la del "ahora", la del ojo lockeano, está en la lengua la presencia de hablante, la del oído, la de su mirada subjetiva. Así pues, lo que está *aquí* es lo observable, lo puntual, lo señalable. Lo que está *acá* es tan próximo que no alcanzamos a ubicarlo con claridad. Decimos que *encontramos algo aquí*, incluso que nos *duele aquí*, en una parte del cuerpo que vemos objetivamente y que podemos señalar, como a la vaca; en textos escritos decimos *los datos hasta aquí reunidos*, no **hasta acá reunidos*, y a los excesos de los diputados no hay más remedio que *ponerles un hasta aquí*, no un **hasta acá*. Por cerca que pueda estar, permanece en *aquí* una distancia que conceptualizamos como objetiva. A *acá* le toca lo próximo, lo que se traduce como subjetivo, lo que, diría Tomás, nace en el oído. Decimos *venga para acá*, no **venga para aquí*. El arte de Tepito es un *arte acá*, no un **arte aquí*, ¿quién soporta esa distancia? Se trata de un arte de identificación del artista con su barrio, con su herencia, con su local mitología e invita a ver el mundo desde su construcción grupal: *de acá somos*. La expresión *de un tiempo a acá* incorpora lo que ha vivido el hablante incluso en el momento de la enunciación, cosa que no puede hacer **de un tiempo a aquí*. Si lo que quiero es molestar a un amigo de mucha confianza diría con toda crueldad para ponerlo en evidencia *Acá Rich quiere con Tachita,* pero es poco probable que el empleado de una tienda le dijera su jefe *Acá el señor quiere unos zapatos*. Esa falta de respeto la resolvería un buen puñetazo indignado. Una emisión como *Tomás es un poeta muy acá* podría haber salido de la boca de alguno de los chavos del *Diccionario* de entonces, pero quizá no de la de uno de los viejos del Tomás de ahora, a no ser que recordáramos que somos entes cargados de temporalidad, entes no unidimensionales que aceptan la responsabilidad de ser nómadas segovianos con una "tienda siempre fuera de los muros" y "siempre con el rostro desnudo donde sople el viento", en lugar de vivir ahogados en la asfixia de un ahora ilusamente objetivo que nos forzara a declarar que *los de ahora no somos los de entonces*, como lo dijera tan erróneamente otro poeta cuando joven, porque después de la bola de años que nos pusieron en otros espacios y nos truncaron la posibilidad de seguir oyendo aquel ronco pecho, su voz de entonces sigue estando *acá*, muy *acá* para que siendo de ahora no dejemos de ser de entonces. Ese dedo parado con su mirada intensa y juguetona no ha dejado de orientar nuestra mirada, la mía sin duda, para no olvidar que la objetividad del presente sólo pesa porque la anidan las historias mil que Tomás no deja de susurrarnos al oído.

TOMÁS SEGOVIA: EL DON DE LA PALABRA

LILIANA WEINBERG
Universidad Nacional Autónoma de México

Quienes hemos tenido la fortuna de escuchar a Tomás en rueda de alumnos y en café de amigos, y quienes tenemos la fortuna siempre renovada de leerlo, sabemos que estamos recibiendo un don: asistimos al momento en que el presente del pensar se muestra a la vez como regalo, como gracia, como descubrimiento de una evidencia, como participación, en una aventura infinita que se nutre de la vitalidad de lo que se está pensando en el aquí y ahora a la vez que se inscribe en un sentido general. El don es para Segovia "esa cosa que precisamente no se acaba por ser dada, sino todo lo contrario". Tomás siempre hizo del ejercicio de la escritura, el diálogo y la lectura un don: el don de la literatura. Es que a través de sus textos Segovia ejerce aquello que considera un rasgo general del hombre: "la intersubjetividad de nuestro ser, la dialogicidad esencial de los humanos".

Todo decir es para Segovia un querer decir, y todo don lleva en sí mismo el sentido de una destinación. Por ello me interesa recuperar aquí el concepto de "don" no sólo en su acepción de genio, dotación o iluminación (como el don de que puede dar muestras todo gran artista o artesano), sino también, y sobre todo, en el sentido antropológico, en el sentido de presente y participación: ese quehacer al que tanto se acercó también Tomás a través de sus reflexiones lingüísticas o su lectura de autores como Bataille y Blanchot. Pienso en esos ensayos antropológicos clave de Malinowski y Mauss, quienes descubren el don como una forma de circulación de bienes que no responde a un modo de intercambio económico sino simbólico, y que permite el ajuste de los vínculos sociales, precisamente como intercambio de sentido y valor capaz de escapar de las redes del consumo de mercancías: el don en que nos damos, el don que enriquece en lugar de empobrecer, en cuanto alimenta doblemente al donante y al receptor, el don que permite reajustar relaciones sociales en lugar de extraviarlas. Tomás ha hecho de la literatura el espacio para el ejercicio de ese don, *el don en que nos damos.*

El quehacer literario de Tomás Segovia se nos confirma como un quehacer hospitalario, un pensamiento en diálogo propuesto como "fidelidad a la verdad", que invita al lector a probar, que busca convencer y seducir, que contagia de su pasión por nuevas búsquedas, que nos conduce a reabrir el diálogo y a participar en el intercambio simbólico del presente. El ensayo de Segovia logra como pocos conducirnos a un espacio de hospitalidad y diálogo, o mejor, de hospitalidad en el diálogo. Se trata de aquello que él mismo llama "solidaridad simbólica". Ese guiño de buenos entendedores que se establece entre hablante y oyente, entre autor y lector, puede asociarse a la idea de don o presente en cuanto práctica de reciprocidad e intercambio simbólico basada en la dotación de valor y reactualización del sentido entre los miembros de una comunidad.

La literatura se vuelve así en él en una forma del don, en cuanto espacio compartido de reflexión sobre el sentido y el valor, invitación al diálogo, responsabilidad por el decir y por la palabra dicha, exploración del lenguaje y representación del proceso mismo de pensar. A través del ensayo nuestro autor se ha dedicado también a reflexionar sobre el trabajo del artista, el primor del artesano y la creación literaria, sobre la traducción y la interpretación como zonas privilegiadas para pensar el sentido. El ensayo se confirma en su quehacer como indagación libre y responsable a la vez, de un modo tal radical como sólo puede hacerlo quien se coloca al margen: palabra errante, inobediente, lúcida y crítica en busca del sentido. Segovia hace de la poética del ensayo una poética del pensar y una política del dialogar.

Los ensayos de Tomás Segovia son un constante despliegue de esta amorosa relación entre el tiempo y el sentido: "el tiempo en los brazos". A través de sus ensayos, en un recorrido que se orienta a través de un *tiempo apalabrado*, Segovia ha elaborado una poética del pensar cuya piedra de toque es el *sentido*, pieza clave en la interpretación del mundo:

> Si hay sentido en la historia efectiva es porque el sentido hace ya efectiva la historia poniéndose como lo que hay que producir mediante un "trabajo" y un tiempo, y luego recobrar mediante otro "trabajo" y otro tiempo. Es porque el sentido no se presenta como contemporáneo de la imagen que lo comunica, sino anterior en cuanto que viene a nosotros, y ulterior en cuanto que tenemos que recuperarlo y vamos a él, por lo que hay ya una orientación historiante del tiempo desde el momento en que hay sentido. Y viceversa: estamos una vez más en la circularidad irrebasable. La historia no empieza en ningún punto, el sentido está siempre ya empezado [...]. Y a la humanidad como tal, que es coextensiva a la historia como tal y a la significación como tal, ¿quién le contará desde fuera su propio nacimiento? Esa imposibilidad es la que hace que nuestra experiencia empiece en toda experiencia humana.

El ensayo es para Segovia el género moral por excelencia, es un espacio compartido de reflexión sobre el sentido y el valor, es invitación al diálogo, es responsabilidad por el decir y por la palabra dicha, es exploración del lenguaje y representación del proceso mismo de pensar. En Segovia, todo *decir* se confirma como un *querer decir* y todo acto interpretativo se despliega como un movimiento orientado. En pocos autores se hace tan evidente este despliegue, este movimiento en busca del sentido que se confirma como movimiento en el tiempo: analepsis y prolepsis contribuyen a desplegar este tiempo apalabrado, en movimientos que se ven acompañados también por una gama de geniales estrategias de asomo y exploración a las cuestiones del sentido. Ese *avante despacio* del ensayo implica un retorno, un completar la visión, la mostración, la intuición primera, aunque se trate siempre de un retorno a contracorriente, dada la esencial heterogeneidad que impide el cierre absoluto.

El ensayo se confirma en Segovia como indagación al mismo tiempo libre y comprometida tal como sólo puede emprenderla quien se coloca al margen: palabra errante, inobediente, lúcida y crítica en busca del sentido. *Recobrar el sentido*, *La palabra inobediente* y *Digo yo* son reflexiones indispensables para pensar hoy la democracia representativa y el problema central de la delegación del poder. Segovia hace de la poética del ensayo una poética del pensar y una política del dialogar.

El ensayo es también para Tomás *tiempo apalabrado*. Pensemos en *El tiempo en los brazos*, esa serie de cuadernos cuyo título se inspira en la *Epístola moral a Fabio* y que Tomás hizo suya para dar nombre a aquello que tan certeramente Daniel González Dueñas denomina su "arte de pensar".

La imagen del tiempo entre los brazos puede ya revestir la forma del encuentro amoroso, del abrazo que contiene y es contenido en toda relación deseante: "amantes dialogantes", en esa dotación de sentido que representa la valoración del otro a partir del deseo. Puede a la vez evocar la relación del hombre con el hogar: la casa, la morada, el lugar donde hablan el hombre y la mujer. Y puede conducirnos al lugar fundacional donde la *patria arrebatada* se transforma en la *matria inarrebatable*:

> Allí donde el hombre y la mujer están juntos no es una "matria" ni una "patria". Es una "madre patria"... Ese lugar no es el amor. Funda el amor. Ese lugar es la casa, la *morada*. Es el lugar donde *hablan*. El hombre y la mujer hablan alrededor del hogar. Ese fuego que guardan y que los guarda es lo que *responde* a la palabra y a lo que la palabra responde. El fuego del Hombre y la palabra del Hombre se *corresponden*.

La imagen puede también evocar ese *regazo de regazos* por excelencia que es la relación entre la madre y el hijo, para recordarnos tanto la alegría del niño inocente que juega con la madre como el doloroso abrazo de la Piedad. En la obra de Miguel Ángel la madre mira amorosamente el cuerpo del hijo, cuyo destino se contempla desde una dimensión sagrada y profana a la vez, fuera y dentro del tiempo, como reconocimiento y conocimiento en un tramo suspendido del tiempo. "La verdadera aceptación del Amor que nos ama es la plenitud de la condición filial", en un amor que se acepta a la vez como don y como necesidad. Y puede ser a la vez el abrazo colmado de sentido que el hijo dirige a la madre, tan unidos el uno del otro como pueden estarlo la lengua y el mundo: "no hay una lengua separada o separable del mundo: la única lengua de la que tenemos experiencia es el mundo como lengua. Sólo en esa perspectiva pueden tomar sentido ciertas sutilezas del sentimiento de la lengua, de la norma valorativa, del deseo de sentido".

Y algo queda en todos los casos: el amoroso gesto con el que damos sentido a un tiempo que es abrazado, querido, deseado. El hombre abraza a un tiempo que lo abraza, y que es por tanto un tiempo humanizado y valorado, *tiempo apalabrado*: el tiempo en que vivimos, el tiempo que nos abraza puede tornarse también un tiempo que buscamos abrazar. Segovia ha explorado como pocos este machadiano camino del tiempo en la poesía, en los ensayos, en el teatro y la narrativa. El tiempo, la patria, el lenguaje, el sentido son grandes temas que hizo particularmente suyos y convirtió en temas de reflexión sobre los cuales el propio ensayo nos da interesantes pistas.

Uno de los momentos más intensos en la obra de Segovia es el de la *anagnórisis*: el reconocimiento, el reencuentro, el cumplimiento del sentido. Pero de ningún modo se puede asociar el movimiento reflexivo de Segovia con un pensamiento que vira en redondo, detenido, atrapado sin salida, o que se muerde la cola. Segovia se ha encargado siempre de mostrar la posibilidad de la dialéctica, la especificidad de los fenómenos, su irreductibilidad a un plano único y su respeto a los distintos niveles. Siempre hay en él la búsqueda de nuevos miradores capaces de ofrecer nuevas perspectivas para ver: apoyado en la ironía, la paradoja, la dialéctica, Segovia nos lleva a asomarnos al otro lado de las cosas, como en este otro pasaje notable de *El tiempo en los brazos*:

> Para recobrarse, el hombre tiene que descubrir-construir en su interior. Lo que descubre-construye es una *condición* humana. Esta condición es una "naturaleza" de segundo grado, una naturaleza construida-descubierta: se encuentra como algo que estaba allí: pero sólo "estaba allí" una vez que se la ha encontrado. Es un origen posterior a lo originado. Es originariamente *encuentro*, es decir que es

originariamente posterior a la búsqueda: no existía antes de buscarla más que como pérdida (p. 34).

La "condición humana" a la que se refirió de manera inolvidable Montaigne en el tercer tomo de sus *Essais* es a la vez, para Segovia, algo que se construye y descubre al mismo tiempo: sólo se descubre que estaba allí una vez que se la ha encontrado. En un movimiento de doble implicación que nos recuerda la relación que establece Benjamin entre lo poético y lo poetizado o la que establece Castoriadis entre lo instituyente y lo instituido, nuestro autor se refiere a un origen posterior a lo originado, a una búsqueda precisada por un encuentro... Comprender este movimiento es fundamental para entender la poética del ensayo de Tomás Segovia.

Dirigir la palabra. En uno de los pasajes más conmovedores de *El tiempo en los brazos III*, Tomás presagia que la agonía, el derrumbe de la vida, no es sino un caer en el silencio:

> Agonía [...] Palabras, luego susurros, luego balbuceos, luego nada. Entrar en la tiniebla soplando en las últimas brasas hasta que se enfríen bajo nuestro aliento.
>
> La palabra funda pero *la palabra es diálogo* [...] Ese es el riesgo (hermoso, pero mortal): no hay más remedio que *dirigir* la palabra. Si no somos escuchados perdemos la palabra —nos perdemos. Todo se derrumba. La única fuerza y seguridad en este mundo es no hablar. Pero por lo único que se puede vivir es para hablar [...]

La palabra funda; la palabra es diálogo.

Escritor genial, pensador genial, siempre a contracorriente de los lugares comunes y del mal de modernidad, Segovia ha dicho que en la reunión de sus ensayos "está implícita una fe en que el pensamiento, de cualquier clase que sea, a falta de otras justificaciones, se justificaría, casi sin saberlo ni quererlo, por su propio movimiento: en que la 'historia' de unos pensamientos, como la historia *del* pensamiento, es en sí misma 'pensamiento'".

Tomás Segovia ha mostrado el carácter de tarea abierta propia de un género en busca fiel del sentido: el ensayo propone una interpretación que parte de un determinado punto de vista y aspira siempre a ser preliminar y exploratorio como un viaje, nunca definitivo y clausurado como un dogma. Se trata de una alianza del lenguaje y el pensamiento, de un estar buscando el sentido que es un dotar y un dar sentido. Descubrir el sentido es al mismo tiempo darlo. Construir el sentido es conferirlo, en una dialéctica semejante a la que se establece entre valor y deseo. Este carácter preliminar de lo que se presenta no hace sino confirmarlo como tarea, como construcción histórica, como búsqueda responsable y libre del sentido (la responsabilidad es la contraparte de la libertad): *fidelidad al sentido*.

BIBLIOGRAFÍA

SEGOVIA, Tomás

1985 *Poética y profética*. FCE/Centro de Estudios Lingüísticos y Literarios, El Colegio de México, México (Serie Estudios de Lingüística y Literatura, XIII).

1988 *Ensayos I. Actitudes/contracorrientes*. Universidad Autónoma Metropolitana-Dirección de Difusión Cultural, México (Colección Cultura Universitaria, Serie Ensayo, 44).

1996 *El tiempo en los brazos. Cuadernos de notas, III, 1963-1984*, El Taller del Poeta, Madrid.

2007 *Miradas al lenguaje.*, pról. José Luis Pardo, El Colegio de México, Centro de Estudios Lingüísticos y Literarios, México (Serie Trabajos Reunidos, 2).

TOMÁS SEGOVIA: *EL TIEMPO EN LOS BRAZOS*

DANIEL GONZÁLEZ DUEÑAS

A María Luisa Capella

La obra ensayística de Tomás Segovia (Valencia, España, 1927-Ciudad de México, 2011) tiene una fuente y un espejo: sus *Cuadernos de notas*. Comenzó a escribirlos en 1950, a los 23 años de edad, y los continuó de forma casi ininterrumpida el resto de su vida, lo que implica seis décadas de construcción. La editorial Pre-Textos de Valencia publicó la primera parte, un volumen de 776 páginas que abarca de 1950 a 1983, y Segovia "subió" el resto a Internet (de 1984 a 2011) de manera abierta y gratuita.[1]

El carácter excepcional de estos *Cuadernos* llevó a Segovia a estipular en una nota introductoria a la edición de Pre-Textos: "Ad-

[1] En http://www.box.net/shared/34kqma1ktc#/shared/34kqma1ktc/1/5378530. En México, Ediciones Sin Nombre ha emprendido la edición de ambos volúmenes. La postura crítica de Segovia respecto a la idea de los "derechos reservados" queda bien resumida en el último texto de *Alegatorio* (2005): "A pesar de mi recelo ante el entusiasmo tecnológico, me he metido de cabeza en el Internet por las posibilidades que me parece ofrecer de subversión de esa paranoia llamada propiedad intelectual". Lo desglosa de esta manera: "Sigo pensando que no hay (quiero decir que no debería haber) propiedad intelectual, sino derecho intelectual, que no es lo mismo: o sea que no se deben tergiversar, desfigurar, manipular las ideas, propias o ajenas, pero se puede —y se debe— usarlas, que para eso están. ¿Quién podría pensar nada si tuviera que evitar cuidadosamente ideas que sean de Platón, o de Copérnico, o del último taxista con quien haya despotricado uno contra el gobierno? Lo que hay que hacer con esos padres de ideas (como con los padres biológicos) es tenerles respeto, no pagarles regalías".

vierto pues al lector que si espera encontrar aquí alguna información útil, biográfica o histórica, o alguna visión instructiva de la actualidad de tal o cual época, o las sabrosas anécdotas que tanto satisfacen a los espíritus ágiles, no podrá sino quedar gravemente defraudado". Aunque luego, en punto y aparte, recapacitaba con ironía: "Y sin embargo puede decirse que hay un poco de todo eso en estos cuadernos".

Se trata de un modo indirecto pero enfático de subrayar el carácter excepcional de estos textos; en su página de Internet,[2] Segovia advertía que no son un diario, pero hay que añadir que tampoco son lo que se espera de una bitácora de escritor. Su personalísima propuesta trasciende ambas laderas: he aquí apuntes en torno a una obra y en torno a una vida, que a la vez (esto es lo portentoso) *son* la vida sin ser un anecdotario y *son* la obra sin parangonarse con los ensayos y la prosa de Segovia publicados en libros individuales. Equivalen más bien al tronco del que han surgido las ramas: en efecto, la obra ensayística de Segovia proviene de los *Cuadernos*; de éstos se han desprendido, ya como obras independientes, títulos en sí fundamentales como *Contracorrientes* (1973), *Poética y profética* (1985) o *Cuaderno inoportuno* (1987).

La construcción de los *Cuadernos de notas* es enorme en sentido cuantitativo, pero lo es sobre todo en sentido cualitativo: como los diarios de Butler o de Kafka, los cuadernos de Segovia son el testimonio de una conciencia en expansión, lo que no contradice, sino apoya, el hecho de que esa conciencia ya estaba en el inicio tan expandida como en sus estadios ulteriores.

El autor dio a este conjunto el nombre de *El tiempo en los brazos*, a partir del verso final de la *Epístola moral a Fabio* (escrita

[2] En http://www.tomassegovia2.blogspot.com.

hacia 1613 y atribuida al poeta sevillano Andrés Fernández de Andrada): "Ya, dulce amigo, huyo y me retiro / De cuanto simple amé: rompí los lazos. / Ven y sabrás al grande fin que aspiro, / Antes que el tiempo muera en nuestros brazos".

Una primera lectura de este último verso podría generar una asociación con la *Pietà*, tema religioso tan imborrablemente representado por Miguel Ángel en la escultura en que el crucificado yace en los brazos de su madre. David Huerta ha mostrado que la imagen es más profunda y unitaria: no se trata de un cuerpo ajeno (extramuros) que muere en brazos del poeta, sino del cuerpo mismo de este último (intramuros). El tiempo no es abrazado como a algo externo, sino que se le reconoce un carácter —por así decirlo— *intravenoso*. David Huerta hace una liga con el prólogo del *Persiles*, dictado por Cervantes en su lecho de muerte.

Ahí Cervantes narra su encuentro con un estudiante que lo reconoce como autor del *Quijote* y que, tras manifestarle una admiración un tanto tumultuosa, lleva la conversación al tema de la enfermedad del escritor; éste le dice: "Mi vida se va acabando, y al paso de las efeméridas [*sic*] de mis pulsos, que a más tardar acabarán su carrera este Domingo, acabaré yo la de mi vida". La palabra efeméride (del griego *ephemeros*, "que dura un solo día", de donde se deriva asimismo "efímero") alude tanto a un acontecimiento o su celebración (así la utiliza Cicerón), como a la tabla que representa las posiciones de los astros en un momento determinado, o a sucesos como eclipses, tiempo sideral, fases de la luna, etc. (así la emplea Plinio el Viejo).

La frase "las efeméridas de mis pulsos" encierra toda una cosmovisión: el pulso de la sangre cuenta "efeméridas" que son los grandes ciclos de la naturaleza; el microcosmo está en perfecta sincronía con el macrocosmo: el pulso de la sangre es el de las constelaciones. La ensayista Liliana Weinberg propone una lectura complementaria: Segovia compartiría, en principio, la visión del autor de la *Epístola moral a Fabio*, en cuyo caso el título de sus *Cuadernos* podría ser *El pulso en los brazos*: el tiempo muere cuando se detienen los pulsos en las venas. Sin embargo, a Segovia interesa menos colocar el acento en la detención del pulso que en éste mismo (no en la interrupción de un latido sino en el latido *per se*): se separa, pues, de la *Epístola* en cuanto a que coloca el acento en el ritmo del cosmos, que es tiempo orientado. En este caso, el título podría ser *El sentido en los brazos.*

De ahí justamente que la esencia de los *Cuadernos* sea el ritmo, *como acto de suprema lealtad.* Segovia lo explica así: "Un ritmo sostenido es el único suelo donde puede arraigar (o aterrizar) un sentido real, lo mismo en la vida que en el arte, puesto que el fundamento último del sentido es tiempo orientado. Incluso la novedad y la invención no son reales si no son variaciones dentro de un ritmo sostenido. De otro modo son simples baches". En los *Cuadernos* de Segovia el ritmo de escritura (palpitación) se traduce en lo fragmentario (cadencia): es necesaria la pausa periódica —escribe Segovia— "para recoger la red —para recoger la mirada, para verificar que sigue uno estando detrás de esos ojos que miran". Una mirada que se extiende para cuestionar lo visto y se recoge de tanto en tanto para que la mirada expuesta en la página siga tan viva como los ojos que no dejan de mirar.

Los dos primeros versos de la estrofa citada también establecen un diálogo revelador con Cervantes. El autor de la *Epístola moral a Fabio* dice: "Ya, dulce amigo, huyo y me retiro / De cuanto simple amé: rompí los lazos". Cervantes, en el que sería su texto de despedida (el prólogo a *Los trabajos de Persiles y Sigismunda*), toma esa imagen de lazos o hilos rotos y se concentra en el espacio sagrado —intemporal, simultáneo— de la escritura, que es en donde, acaso, volverán a unirse: "pero no son todos los tiempos unos: tiempo vendrá, quizá, donde, anudando este roto hilo, diga lo que aquí me falta, y lo que sé [que] convenía".

Segovia, el poeta, lo refrenda espléndidamente en el que sería su último poemario, *Rastreos y otros poemas* (Ediciones Sin Nombre, 2011):

> Aquí todo sucede con un ritmo
> Que pone a esto y aquello cada uno en su sitio
> Y ese es el ritmo que la realidad
> Tiene escondido detrás del visillo
> Y que me muestra a veces haciéndome una seña
> Para que nunca olvide
> Que se la ve mejor medio escondida
> Y es más clara hecha ritmo velado y misterioso.

En los *Cuadernos* de Segovia una primera palabra clave es *lealtad*, porque está usada en el sentido más exigente; este sentido se muestra muy bien en la "superstición" del autor de *El tiempo en los brazos* consistente en que no puede borrar nada de lo ya escrito: "Es como si se tratara de una hipocresía, de una mentira hipócrita; como si borrar una frase escrita fuese lo mismo que negar que la ha escrito uno, que la ha pensado uno; como si borrar fuera negar los hechos, negar la verdad, o fingir que no fue uno quien escribió eso, fingir que uno no es responsable de aquella frase que sería de otro o no sería de nadie". Por supuesto que hay alguna labor de corrección en las frases, pero es poco frecuente; en los *Cuadernos* se va afinando, a lo largo de los años, una forma de pensamiento que ya implica, al brotar, su versión escrita depurada. Es un pensamiento desnudo de artificios lo mismo que carente de autogratificación.

"Esto a su vez se relaciona", observa el autor, "con otra convicción mía indesarraigable: la convicción de que ciertas cosas tienen que ser dichas. O sea mi obediencia poética. Claro que eso no basta para decidir que tal o cual frase escrita, quiero decir *hecha*, no pueda borrarse, pero sí justifica la posibilidad de que existan en general frases imborrables." Se trata de encontrar la forma de decir lo que se ha visto, de tal manera que termine de verse al decirse, y a la vez se trata de que lo dicho, al volverse palabra escrita, no traicione a lo visto.

Todos tenemos una gran deuda con Tomás Segovia, y no sólo por haber formado a generaciones enteras de traductores, filólogos, investigadores, poetas y ensayistas (que esto ya sería bastante), sino sobre todo por haber mostrado, a lo largo de su vida y obra, una absoluta coherencia ética y una total independencia intelectual respecto a corrientes, movimientos, grupos y hasta a su propia modernidad. En *El tiempo en los brazos* escribe su gran declaración de principios: "asumir sin falsía mi tiempo implica resistir radicalmente a mi época".

La forma esencial de resistencia en Segovia fue la escritura de *El tiempo en los brazos*, un diario no tanto de vida como de vida de las ideas. Quien lo lee queda invitado a compartir una verdadera aventura mental situada en el taller alquímico del escritor, bajo el microscopio que es un macroscopio. No son platillos servidos en la mesa, como sus ensayos publicados individualmente en libro, sino estadías en la cocina del escritor.

Hay en los *Cuadernos* las semillas de innumerables ensayos que Segovia muy bien podría haber desarrollado y publicado aparte, y que seguramente si no lo hizo es porque sintió que ahí estaban ya *dichos*, es decir conversados. De modo paralelo a la redacción de *El tiempo en los brazos*, Segovia publicaba poesía, narrativa y otro tipo de ensayos, como aquellos reunidos bajo el título de *Cartas cabales* que se consagran a responder a su época, situados ya francamente en el terreno de la política y la economía. Esta diversidad de cauces permite que en los *Cuadernos* se registre el pensamiento puro —no una sucesión de ideas sino un arte de pensar—, y como tal no hay libro que se le parezca.

En esta *arte poética*, en este vasto tapiz tejido a lo largo de las décadas con precisión y disciplina, Segovia avanza a "saltos" en el análisis de los temas que lo obsesionan (siempre inabarcables, siempre enigmáticos): a veces examina algún nivel de uno de ellos a partir de determinado estímulo; luego, meses después, desglosa otro nivel de ese mismo tema movido por un pretexto diferente. A la vez, los temas desglosados se entrecruzan, iluminándose unos a otros. En un tercer nivel, la reflexión se mueve, siempre a "saltos", en diversos territorios del conocimiento: de la lingüística a la filosofía, de la política y la economía a la sociología y la antropología. El salto no es sólo un recurso para evitar los estancamientos, sino una forma de supeditar todos estos territorios a la única mirada a la que Segovia reverencia, que es la de la poesía.

A quien se oye hablar aquí es a un poeta que por un lado lamenta el "desorden" de sus lecturas y por otro lo celebra, puesto que es ese desorden el que lo ha formado; el orden sistemático de las lecturas nos haría oír no a un poeta sino a un "especialista", cuando es justamente acerca de las predaciones del especialismo que Segovia nos advierte: "Yo no leo filosofía para explicarla o compendiarla, sino para usar lo que en ella me sirva para aclararme las cosas". La voz que surge de los *Cuadernos* es la de un poeta que contempla su propia mirada sobre el mundo sin confundirla con el mundo. Voz y mirada son pensamiento que toma lo que le sirve para aclarar (aclararse y aclararnos).

Las efemérides de los pulsos del poeta se sincronizan con los pulsos del lector: el tiempo cotidiano se sincroniza con el tiempo sideral sin que haya referencia a ningún iluminismo, a ninguna trascendencia fuera del acto de mirar. No hay aquí sino la *fe del incrédulo*, el arte de un hombre *apostado en su pensamiento*. De ahí que un solo pulso y una sola efeméride conforman el ritmo insobornable de la escritura a lo largo de seis décadas que son la efeméride de un solo instante fulgural.

En cierto modo sería un error decir que el pensamiento de Segovia es "laberíntico", porque con ello se implica la imagen de un extravío, suyo y nuestro. Sería, en efecto, una "descripción demasiado simple" que sin embargo debe conservarse *en cierto modo*, puesto que sólo así cae en buen lugar una calificación menos errónea: el pensamiento de Segovia no es "laberíntico" sino que *es* un laberinto, y no para extraviarse sino para encontrarse. No se trata de un buscar la salida, sino justamente de lo opuesto: encontrar la *entrada*.

Ese laberinto no es una construcción sino un entramado: el que hacen las nociones fundamentales en torno a las cuales se teje la reflexión (sentido, verdad, valor, tiempo, deseo...), y es así que ese modo de asumir sin falsía su tiempo y de resistir radicalmente a su época implica ir delineando, gota a gota, un arte de pensar, y no para encerrarse en una torre de marfil sino para compartir las claves, sistemas y estrategias de ese arte. "En las polémicas de mi juventud", escribe Segovia, "me parece que entendía perfectamente a mis adversarios. Quiero decir que veía (o creía ver) lo que pensaban, porque para empezar creía que ellos sabían lo que pensaban. Los de ahora tengo la impresión de que no saben lo que piensan. Es prácticamente imposible tener razón contra alguien que no conoce su razón —y que jamás podrá por consiguiente conocer la nuestra".

Y esto se debe a un hecho fundamental: "casi todo lo que se discute en esta época me parece absolutamente sin importancia e incluso nocivo porque distrae e impide ver las categorías, mientras que lo verdaderamente importante la época no lo discute porque sencillamente no lo percibe".

Luego de leer a Segovia es inevitable darse cuenta de que hemos confabulado, de una u otra manera, con el único y superficial nivel en que se mueve todo en la sociedad y la cultura. Por eso es de envidiar la suerte de quienes lo leen a temprana edad, y de ahí la indignación que provoca el hecho de que sus ensayos no se lean y estudien *de entrada* en cualquier educación *preparatoria.*

En los *Cuadernos* puede encontrarse no sólo la personalísima y salvadora declaración de principios, sino los principios de una salvación abierta a quien la necesite:

> Buscar siempre los ojos a la vida.
>
> Ser siempre ese ser libre, abierto, disponible, que mira todo en torno asintiendo a la existencia de lo que existe, sosteniendo en la luz de la mirada el despliegue de lo que vive, el curso de lo que quiere perdurar —*mimando* a lo real.
>
> Esa figura vuelve a estremecerme. Vuelvo a exigirme eso.
>
> Eso es ser fiel a lo natal. Lo natal no es lo que la mirada originaria e incondicional mira: lo natal es esa mirada. No somos nativos de un lugar sino de un mirar.

A fin de cuentas los *Cuadernos* son la búsqueda de recuperar y salvaguardar una cierta forma de escribir y de leer el mundo que Segovia ve en trance de perderse cada vez más. De ahí lo que llama su "eterna fidelidad a los cuadernos":

> Porque ese lugar que me parece amenazado es a la vez un lugar desde donde se escribe, desde donde se lee, desde donde se dialoga cuando se logra la sintonía —y en el que me he recogido siempre para dialogar con la vida, buscando siempre sintonizar. Y vuelvo siempre a esa figura de mí mismo (mítica sin duda), escritor solitario en el café, *invisible* más que solitario, porque esa figura no evoca para mí ninguna idea de soledad, sino de apertura, de entrega, de interés absorto y plenamente correspondido.

El inveterado gusto de Segovia por escribir en cafés queda bien explicado en sus cuadernos. En primer lugar, le gustaba porque estos sitios le permitían recuperar la "vieja época, la época de mis largas horas de escritura y ensoñación en los cafés, de lo que yo llamaba entonces 'vivir con secreto' —el secreto amorío con la vida".

Escribir en cafés, además de una cierta liturgia y una cierta erótica, era casi un obligarse a pensar en el sentido de un entrenamiento sostenido, una diaria autoimposición de *rounds* de sombra, una cada vez más exigente sistematización de las formas de analizar, desglosar, decantar. El autor de los *Cuadernos* desecha, de entrada, los elementos usuales en los diarios de escritor, la divagación más o menos gratuita, el gusto por las libres asociaciones y sobre todo, la autogratificación. *El tiempo en los brazos* no es un desahogo ni un refugio, aunque a veces de manera indirecta contenga una y otra cosa; es un ejercicio personalísimo pero a la vez en estado de diálogo: Segovia nos vuelve sus interlocutores, lo que significa enseñarnos a resistir radicalmente lo oscuro de nuestra época.

Hacia el principio del nuevo milenio se desencadenó casi de súbito una serie de reconocimientos a Segovia (el premio Octavio Paz de Poesía y Ensayo, el de Literatura Latinoamericana y del Caribe Juan Rulfo, el Extremadura a la Creación, y a duras penas se salvó —así lo comentaba— de un doctorado *honoris causa* por la Complutense de Madrid; sin embargo, eligió no "salvarse" de un doctorado análogo por la Universidad París 8 en 2011) que si bien eran sinceramente agradecidos por el autor, a la vez le resultaban muy temidos, puesto que veía en ellos la culminación simbólica de una "carrera" de escritor impuesta desde fuera con el disfraz de la pompa celebratoria ("Necesitaría menos aplauso y más atención", reclama en su cuaderno de 2005). Sobre todo en esta época, el café es un punto de reunión y de reconciliación.

En agosto de 2010 los *Cuadernos* registraban una reconciliación que es el acto supremo de esa libertad:

> Releo mi cuaderno y vuelvo a ser consciente de lo importante que ha sido siempre para mí ese momento de recogimiento y concentración en que me parapeto en mi silencio y mi "soledad" para redactar estas páginas. Pongo "soledad" entre comillas porque siempre he escrito mis cuadernos en los cafés.
>
> Esa escena en que estoy en algún café del mundo escribiendo en mi cuaderno es para mí la imagen por excelencia de la paz y el equilibrio y el diálogo con el mundo. La escucha del mundo, porque el diálogo con el mundo es una pura escucha unilateral; pero esa escucha *es* un diálogo. La situación es la misma (para mí)

que la del poeta haciendo un poema: esa escritura es una escucha, como esa otra escucha que digo es una expresión. Hay un modo de escuchar tan expresivo como un modo de hablar. Cuando estoy en un rincón de un café absorbiendo la vida que fluye a mi alrededor, a esa vida le *digo* mi escucha.

La obra entera de Tomás Segovia es un presentar, a través de "las efeméridas de mis pulsos", una cosmovisión que es *tiempo orientado*. De ahí la imagen central de *El tiempo en los brazos*, imagen eterna y *entrañable*: "Pero hoy llego al café temprano, saco mi relegado cuaderno, y vuelvo a probar el sabor de mi vieja, inmortal libertad. Imagen para mí del hombre libre: un hombre solo, a la orilla de algún espacio público, que observa *apostado* en su pensamiento".

Resulta muy precisa la ambivalencia del verbo: "apostar" es jugarse el todo por el todo en cada acto, en cada palabra; "apostarse" corresponde a elegir un sitio propicio desde donde ver con mayor claridad, a veces para presentar batalla, por lo general para, simple y sencillamente, *presentar*. La imagen resulta entrañable por el doble sentido de apostar: el hombre se retira a su pensamiento como el cazador que espera a la presa, pero la presa es él mismo; a la vez, ese hombre se apuesta a sí mismo como el jugador que arriesga el todo por el todo en la jugada.

La invitación hoy, aquí, es *apostarse* en el pensamiento de Segovia: continuar la postura y la apuesta: leerlo, confabular con las efemérides del pulso de su obra, que amorosamente se sincronizó con el pulso mismo del mundo.

TOMÁS SEGOVIA, DEFENSOR DEL OÍDO COMÚN

OSWALDO HERNÁNDEZ TRUJILLO

Lo primero que me gustaría hacer frente al auditorio, especialmente frente a aquellos que han hablado en este día con tanta autoridad y familiaridad de Tomás Segovia, es recurrir al tópico de la *recusatio*. La *recusatio* es ese prólogo con el que, según su inventor Calímaco, uno debe reconocer su pequeñez ante la difícil tarea de usar la palabra. Y aunque como sabemos, los tópicos a base de ser repetidos siempre terminan por convertirse en meros lugares comunes, eso no es impedimento para dar certeza de que quien los usa se siente realmente identificado con ellos, ni de que quien ahora apela al poeta de Cirene no siente genuinamente la necesidad de disculparse por lo que va a decir frente a ustedes.

Esto lo digo especialmente porque yo apenas conocí a Tomás Segovia; pero ese *apenas* bastó para impresionarme de una manera profunda. Su voz, particularmente, ocupa un lugar central en la memoria que de su presencia guardo. No me refiero, desde luego, a su voz anecdótica (llamémosla *contingente*, usando una etiqueta filosófica) ni "acústica" (si ahora nos atenemos a otra designación más física), sino a esa capacidad humana que el poeta tenía de devolver a las palabras sus rasgos más humanos, en el mismo acto de enunciarlas.

Para explicar lo que quiero decir con esto, voy a empezar con una cita, casi una indiscreción, contenida en uno de sus diarios de 1951. Las traducciones —escribe el joven Segovia— son para el poeta lo que las copias para el pintor. Hay que traducir en verso por egoísmo: se traiciona al autor, se engaña al lector, pero se aprende.

Digo que se trata de una indiscreción sobre todo en esta mesa y en este día porque las palabras que acabo de citar parecerían justificar un cierto descuido y hasta desdén a la hora de "engañar al lector" con tal de traducir una obra *versada*; pero sería terriblemente injusta una lectura de la frase en este sentido y, más importante que eso, sería manipular su intención, sacarla del contexto de producción de un poeta traductor y un traductor poeta que, como el minotauro de Ovidio, se divide y confunde en los cuerpos de sus mismas y rítmicas dos mitades.

A lo que realmente quiero apuntar con esta cita no es ni a un capricho voluntarioso de Segovia de estar por encima del poema ni mucho menos de traicionar el sentido del texto original, sino a una predilección anímica y a la vez a una elección personal determinante en su trayectoria intelectual: la palabra —la palabra poética pero no exclusivamente— debe ser antes que cualquier cosa materia del lenguaje, es decir, sonido.

En varios lugares el poeta profundiza en la naturaleza auditiva de la palabra, pero donde más a detalle describe sus consecuencias es en un minucioso ensayo titulado "El suelo del lenguaje", en el que postula que el acto comunicativo humano privilegia el sentido del oído por encima del resto de los sentidos; y especialmente por encima de la vista que, según él, es la más saliente de las capacidades sensitivas del hombre. Creo que esta carrera entre el ojo y el oído —ganada, según Segovia, por el oído— expresa en términos muy concretos una polémica epistemológica que podríamos rastrear en algunos de los primeros filósofos griegos.

Un momento de esta discusión nos ha sido transmitido en el *Crátilo* —o Cratilo como algunos lo conocen— en el que Platón establece una dicotomía entre *physis* y *nomos*, es decir entre naturaleza y convención. Pero me parece que lo que se pierde con frecuencia de este diálogo "revisitado" recientemente por la lingüística moderna —y mantengo el barbarismo para que no perdamos de vista la atribución geográfica primera de esa "revisión"— es que dicha dicotomía sobrepasa los límites del lenguaje y debería entenderse en consonancia con todo el programa filosófico del ideólogo de las formas puras.

Es decir, nada tiene que ver en este asunto la anacrónica teoría del signo saussureano, sino una noción más mundana según el espíritu de la Atenas de Pisístrato y luego de Platón: la polémica no es sobre qué significa el signo ni qué significa *significar*, sino sobre a quién debe encomendarse el delicado monopolio del lenguaje y si debe o no confiarse en la escritura como depositaria de la lengua.

Estos elementos dibujan una preocupación mayoritariamente política que se constata en muchos pasajes del *Crátilo*, pero también en otros diálogos, como *Gorgias*, la *República* e incluso *Fedro*. No puedo hacer una exposición completa de Platón en este lugar, pero bastarán para nuestro propósito el análisis de dos pasajes de *Crátilo* y de *Fedro* respectivamente.

El primero del *Crátilo* es aquel en el que Sócrates afirma que la persona más autorizada para nombrar de acuerdo a las reglas de la naturaleza es el nomoteta y explica que esto se debe a que es él y solamente él quien sabe aplicar mejor que nadie los sonidos y las sílabas a un nombre dado. *Phtongous* y *syllabás,* puede leerse en el texto griego, *sonidos* y *sílabas* como lo han interpretado la mayoría de los traductores al español. No me detendré en la etimología de ambos términos, pero quiero señalar que *syllabé* es un vocablo polisémico usado en ámbitos que van desde el momento del alumbramiento hasta la aritmética y también la música; y la única idea que comparten y que une a acepciones tan disímiles es la idea de ritmo.

En todo caso, y hablando ya del *Fedro*, para Platón hay un conflicto irresoluble entre la escritura y el lenguaje principalmente porque mientras que el Habla es por naturaleza dialógica y sobre todo dialéctica —es decir, todo intercambio de palabras invita a sus participantes a hacer preguntas y a formular respuestas— es imposible interrogar a un texto escrito. La metáfora que utiliza aquí el filósofo es contundente. La escritura es comparada con un *adónidos kepos* o jardín de Adonis, esto es, una planta dentro de una maceta, bella pero estéril; mientras que el lenguaje de veras, el retórico o dialéctico, es defendido como una semilla que fructifica en suelo fértil. La diferencia entonces radica en que el texto escrito no puede ser interrogado; no es terreno bien abonado para el diálogo, para el lenguaje ni para el sonido.

Eso, en la Atenas de por allá. En la Atenas de por aquí, en cambio, se escuchan constantemente —y se leen, mayoritariamente— expresiones como "interrogar el texto" o "dialogar con el texto". No quiero desde luego cancelar las posibilidades de que tales maneras de hablar tengan algún sentido, sino simplemente señalar que mientras que en la Atenas clásica existía un cuestionamiento razonable a la escritura —representado por la oposición de un filósofo acreditado como Platón—, en nuestros días la tecnología de la escritura es uno de los motores principales del conocimiento y, por si esto fuera poco, materia prima indiscutible del academicismo.

Todo esto debería apuntar, esta vez sí, a preguntarnos qué es el lenguaje y para qué sirve. Nuestro siglo —y no me refiero a la franja de un calendario matemáticamente arbitrario sino a esa pesadez temporocausal llena de deudas y de cordones umbilicales innecesarios— ha dudado sistemáticamente acerca de la función del lenguaje. Influidos por Chomsky ciertos nomotetas afirman que el lenguaje tiene menos que ver con la comunicación entre seres humanos que con el solipsismo del pensamiento. Me parece que esta es la mejor ilustración del jardín de Adonis, del lenguaje en una maceta, la palabra como número y como fórmula, como diálogo de computadoras.

Pienso en un subproducto de esta manera de pensar quizá tosco pero muy significativo, que consiste en esa oferta de lectura rápida que abunda en nuestra época. Nada le resultaría más absurdo —quizá convendría decir, inaudito— a Platón que la idea de aprender a leer en diagonal, de pasada y sin sonido. En primer lugar porque para él como para todos los atenienses del periodo clásico, el sonido no sólo era una parte del lenguaje sino el lenguaje mismo. Pero sobre todo porque parecería ir en contra del sentido común: ¿para qué le podría servir a alguien poseer la capacidad de leer unas tantas palabras por minuto y unos tantos textos por hora si al final esos textos resultan tan malos que no valen la pena de ser leídos? Creo que esto arroja la imagen misma —el sonido mismo— de nuestra época: ¿a qué suena un bit de información?, ¿a lo mismo que un oficio burocrático?, ¿a qué la intermetatranstextualidad?, pero sobre todo ¿vale la pena prestar oído a todo eso? O en palabras de Segovia: "Es claro que el prodigioso avance de los últimos dos o tres siglos en cuanto a saber lo que podemos nos ha hecho en cambio avanzar bien poco en cuanto a saber lo que queremos."

Justamente, a lo largo de toda su obra Segovia fue un defensor del sentido común y hoy me gustaría añadir del oído común. Junto a él, dos lingüistas menos publicitados que Chomsky y sus secuaces, Michael Halliday y entre nosotros Luis Fernando Lara, han insistido en que el propósito principal del lenguaje es y debe ser comunicarse entre semejantes. Ambos van en contrasentido de la idea principal del de Massachussets acerca de la sustancia fundamental de la lengua como solipsismo, cifra y símbolo. El camino de Chomsky termina en la máquina, el de Halliday, Lara y Segovia, en lo humano.

Precisamente el hecho de que Tomás Segovia en los prólogos a sus estupendas traducciones de Ungaretti, Racine y Shakespeare hable constantemente de "voz", de "canto", de "escuchar el latido de la luz de la palabra" no refleja una mera forma poética de hablar, sino la convicción absoluta de quien sabe que sin voz humana el lenguaje carece de sentido.

Sé que en muchos ambientes académicos es imposible hablar de una "voz de autor" o de un "sentimiento de la lengua" sin levantar sospechas de ingenuidad y atávico romanticismo. El grado cero de la escritura, la muerte del autor, el deconstructivismo, la *anxiety* y la *influence*, y hasta el estructuralismo han sido una manera de ocultar la vergüenza de lo "subjetivo", de lo humano. No me detendré a profundizar en las verdaderas motivaciones e implicaciones políticas que han tenido para la literatura este tipo de pensamiento, sólo diré que hijo de mi época, la primera vez que intenté redactar esta ponencia escribí que la voz de Tomás Segovia tenía la capacidad metafísica de devolverle a las palabras su verdadero eco histórico; pero descarté el adjetivo de inmediato, rectificando porque ¿qué puede haber de más humano que la voz del traductor, del poeta y del traductor que es capaz de hablar como hace dos mil años lo hacía Platón o antes Homero o después Ungaretti? El término metafísico no sólo no era exacto, sino que disfrazaba la "vergüenza de lo humano" con un término teórico precisamente más allá de lo humano. ¡Con cuánta razón Tomás abominaba de lo puramente teórico!

Una pregunta válida y hasta esperable en este punto sería qué tiene que ver todo esto con el ancho mundo del traductor Tomás Segovia. Adelanto una respuesta franca: poco, si pensamos según algunas de las teorías de traducción en boga... pero mucho si lo pensamos desde la obra de Tomás Segovia, a quien nunca escuché —ni leí— hablar de traducción sin abordar temas políticos, sin entrarle al toro por los cuernos.

Me parece que la defensa del texto como más que mero signo, símbolo pregnante, árbol de significado y otros sinónimos parecidos —especialmente de la poesía, sí, pero no exclusivamente— tiene que ser un resultado natural de escuchar la voz de autoridad de Tomás Segovia. En el año de 1951 el joven de 24 años ya esbozaba una "defensa de la rima" en donde advertía: "Si rechazamos la rima caeremos en el más triste letrismo, el cual, en rigor de lógica, está perfectamente justificado, pero del cual, por desgracia, basta haber leído un solo ejemplo para darse cuenta de que le sucede lo contrario de lo que deseaba: que es profundamente inexpresivo".

Cuando comparo la voz del traductor Segovia con la de Shakespeare pienso sobre todo en la cadencia, en el ritmo. De eso se trataba quizá el archisistema fonológico que buscó en su obra el poeta de quien algunos alaban precisamente su musicalidad; la más grande desgracia de mi generación es que hemos confinado esa cadencia y musicalidad exclusivamente a la poesía, y lo que es más, a la poesía de unos cuantos que se resisten a las modas de lo "abstracto".

Segovia ha sido el poeta de lo antiabstracto, el celebrador de la vida; un cultivador de la expresión según los recursos de la rima, la cadencia, la métrica —ese arte hoy penosamente olvidado—, pero lo sorprendente es que lo ha hecho no sólo desde la trinchera de la poesía y la traducción, sino sobre todo desde la de la humanidad, que otros llaman humanismo. Nada expresa mejor esta convicción que estos versos suyos, con los que termino:

> El hombre que ha aprendido a modular
> Entre sus manos las palabras
> Para que en ellas hable
> Un lenguaje de huellas
> Corporal y movible y sin sentencias
>
> Ése a la vez que escucha
> Decir lo que se dice
> Mira lo que se muestra decirse
>
> Y así para pensar en lo que vive en él y es él bajo las sombras
> O en esa luz donde su vida
> Se mira y se profiere
> No confía en la lengua de su boca
> Y prefiere callar
> Y esperar la evidencia del abismo.

PARA TOMÁS SEGOVIA

DANIELLE ZASLAVSKY
El Colegio de México

No puedo decir que conocí bien a Tomás Segovia, pero lo suficiente para conservar en mente varias imágenes: Tomás en sus clases del PFT (1978), Tomás durante una conferencia de Henri Meschonnic, Tomás a la salida del teatro Casa de la Paz donde presentaban Salomé de Oscar Wilde (traducida por él y dirigida por Martha Verduzco), Tomás en distintos cafés, y muchas más. Unas borrosas, otras muy nítidas. Pero en todas aparece un hombre afable, preguntando siempre por lo que uno estaba haciendo, con marcado interés, siempre dispuesto a escuchar y a su vez contar lo suyo. Sin embargo, no puedo dejar de evocar su sonrisa inequívoca y previsible cuando, al invitarlo como conferencista al Encuentro de Traductores en 2005, le conté de la Maestría en Traducción que había sustituido al Programa para la Formación de Traductores. No dijo nada, sólo sonrió, pero Tomás, lo sabemos, tenía una relación compleja con la academia, o mejor dicho, desconfiaba de ella para ciertas actividades, especialmente para la traducción.

TOMÁS PROFESOR EN EL PFT

Tuve la fortuna de tener a Tomás de maestro cuando cursé el Programa para la Formación de Traductores (PFT) de 1978 a 1980. El grupo era heterogéneo. En aquel entonces, sólo se exigían cuatro semestres de universidad para entrar al PFT. Los alumnos provenían de distintas carreras, algunos ya escribían, otros ya traducíamos, a todos nos apasionaba la problemática de la traducción. De esta generación del PFT salió la primera asociación de traductores del país, la Asociación de Traductores Profesionales (ATP).

¿En qué consistían las clases de Tomás? Poca interacción. Más bien él hablaba. Leía y comentaba. Sus traducciones, las de los demás. Teníamos el privilegio de escuchar a un verdadero traductor, a alguien que no sólo vivía de la traducción, económicamente, laboralmente hablando, y no es un elemento menor, sino a alguien que vivía en y de la traducción. Alguien que tenía oficio. Un verdadero artesano, así como le gustaba llamar al traductor que era. Tomás trabajaba con la lengua, en la lengua, así como con el material con el que construía sus casas. Con humildad y dedicación.

No por eso todas las clases eran buenas. A veces teníamos la impresión de no haber hecho nada, los alumnos necesitan de repente más estructura pedagógica, pero platicaba mucho del oficio. De algunos comentarios me acuerdo como si fuera ayer. Algunos realistas como: "sus profesores les van a recomendar leer todo el libro antes de empezar a traducir. Pero en realidad uno lee las dos primeras páginas, y ¡vámonos!". Con los años, todos lo pudimos corroborar. Sencillamente porque con dos páginas muchas veces uno logra tener una idea del tipo de escritura y pensamiento con los que va a lidiar, y por otra, porque nunca se tiene el tiempo de leer todo el libro. Las traducciones en el mercado real muchas veces son para ayer o anteayer. Otros comentarios eran más complejos. ¿Cómo mantener el balance entre lo que se puede y lo que se debe decir en español? No tenerle miedo a la lengua, sino un infinito respeto. Tomás sabía perfectamente bien que el prurito llevado al extremo nos hacía salir de un uso contemporáneo y muy vivo del español. La representación a veces errónea que uno se hace de la corrección puede conducir a disparates. Respetar el español no quiere decir acartonarlo. Tomás no hablaba mucho de corrección. Odiaba a todas las policías, y en especial a la policía de la lengua, que encarnaba la RAE. Y de paso a los correctores de estilo. Defendía los usos del español que se hablaba en Hispanoamérica, y nos mostraba todo lo que la lengua ponía a disposición nuestra, todo lo que podía decir, sin que sonara falso, forzado o calcado. Nos recomendaba, por ejemplo, cuando se traducía del francés, tratar de invertir el orden SVO en VSO, para que fuera más acorde con el orden de las palabras en español y no pareciera tan galicista. Si bien ya no se podría sostener tanto, el español escrito de hoy parece preferir el orden SVO, seguí su consejo al pie de la letra durante varios años.

Muchos de los consejos que nos daba, muchas de las observaciones que hizo sobre la traducción a lo largo de su vida como traductor y profesor se pueden leer en *De oficio, traductor*, magnífico libro que idearon Lucrecia Orensanz, Marianela Santoveña, Miguel Ángel Leal y Juan Carlos Gordillo, en el que se entrevistan a varios traductores literarios y profesores de traducción que abrieron camino y de alguna manera marcaron el desarrollo de la disciplina en México.

El PFT fue un buen programa de formación de traductores, en el que la mayoría de nosotros aprendimos mucho. Aunque varias de las actividades contempladas en un inicio, como ir a tomar clases de especialización en otras instituciones, por ejemplo las clases de medicina, no se pudieron llevar a cabo. El PFT, dirigido hasta 1995 por Monique Legros, fue un programa pionero que representó una opción seria de formación de traductores y la única en la que se profundizara en la traducción literaria. Muchos de los egresados del PFT se convirtieron en traductores profesionales; varios crearon diplomados inspirados en este programa pionero y la Maestría en Traducción que se fundó en 2004 en El Colegio de México, heredera directa de 30 años de PFT, fue y sigue siendo la primera maestría en estudios de traducción en el país.

TOMÁS TRADUCTOR Y PENSADOR

No se puede separar la reflexión de Tomás como traductor de su reflexión sobre el lenguaje. Lo cual no debe sorprendernos. La traducción es una formidable fuente de enseñanza sobre el funcionamiento de la y las lenguas. Pero la traducción, como dice Antoine Berman, es una actividad ancilar, es servir a dos amos, lo que la vuelve sumamente difícil. Tomás insiste en el "lugar ancilar, instrumental y marginal" del traductor.[1] Vivir entre dos lenguas, o habitado por dos lenguas será una condición importante, pero no suficiente. Tampoco el saber escribir en la lengua de llegada garantiza una buena traducción. Tomás habla de don. No sé si es un don, digamos que unos tienen más aptitudes que otros. A algunos nunca se les va a dar. Ni pasando por la escuela. Pero hay algo más.

Tomás, al igual que cualquier traductor mínimamente sensible y competente, se compenetra con aquellos pensadores a los que traduce. Y esto a pesar suyo. En algunas páginas, su reflexión acerca del lenguaje está totalmente permeada por el pensamiento de Jakobson, Derrida o Lacan. Y no hay de otra. Por más que resista uno, por más que el traductor sepa cuál es su verdadero

[1] Tomás Segovia, "Traducir y saber", en *Miradas al lenguaje*, El Colegio de México, México, 2007, p. 175.

lugar, no sale ileso de la traducción de los textos de pensadores de esa envergadura. Al contar su experiencia en un grupo de trabajo, constituido por psicoanalistas y lingüistas, en el que lo invitan por haber traducido a Lacan, Tomás apunta irónicamente aunque no puede disimular cierta satisfacción: "El hecho de haber traducido a Lacan hace que yo esté, o parezca, en cierto modo, tocado por la gracia. Inmerecida, como todas las gracias".

En varias ocasiones, Tomás se presenta como el viajero, el transmisor, el agente viajero, o sea el traductor, o como dicen los franceses, "le passeur", interno y externo al cuerpo teórico que está traduciendo. El traductor es un representante, así como lo es el representante político en las democracias occidentales. Por ello también le interesa la figura del subcomandante Marcos en 1994, su papel de traductor de las aspiraciones indígenas, su posición de intermediario, que lo lleva a establecer la relación entre representación política y traducción.

Al comentar un artículo que Tomás Segovia publica en *La Jornada* después de la sublevación zapatista ("Utopía y protesta", del 30 de enero de 1994), Raymundo Mier afirma:

> la traducción obliga a admitir la representación no como un simulacro de identidad sino como una mímesis múltiple, bifronte e incesante, que no es jamás una ruptura tajante del vínculo con los representados, como tampoco es una delegación que extingue en la voz del traductor el texto de origen; más bien en la voz y el cuerpo del traductor, del representante, encarna una fuerza irreductible y contradictoria de las identidades en juego.[2]

[2] Raymundo Mier, "La invención de los horizontes políticos: la palabra zapatista", *Dimensión antropológica*, diciembre de 1995, p. 161.

Magnífico comentario, a mi juicio, de Raymundo Mier, en el que expresa la tensión entre textos, identidades, escrituras, experimentada por cualquier traductor.

Mímesis y no identidad absoluta es la que permite el diálogo que busca entablar Tomás sobre el lenguaje con Jakobson, Lacan, Derrida y muchos otros. Al tener que traducir "el inconsciente es estructurado como un lenguaje", uno inevitablemente se pregunta qué es el inconsciente, el lenguaje, la estructura, el símbolo. Al menos es lo que se puede apreciar en "Traducir y saber", texto particularmente rico y denso, donde Tomás cuestiona todo, salvo cierta concepción de lengua, saussuriana y lacaniana, pero en el que de repente adopta sin querer el discurso teorizante que tanto critica.[3] La reflexión de Tomás Segovia sobre el lenguaje es una reflexión desde adentro del lenguaje, desde la experiencia de la escritura y la traducción, y por más lecturas que la fundamenten, sigue siendo una reflexión que quiere ser independiente. Tomás no reclama tanto de los teóricos como dialoga con ellos.

Segovia traduce, retraduce y se retraduce. Y aquí cito, a partir de una magnífica investigación de Nayelli Castro Ramírez,[4] una nota de Tomás en su traducción de *La tarjeta Postal, de Sócrates a Freud y más allá*, de Derrida (Siglo XXI, 2001):

> Hubiera estado fuera de lugar utilizar traducciones españolas "autorizadas" de los pasajes de otros autores citados por Derrida: hubiera tenido que confrontar a mi vez estas versiones con sus originales, con las traducciones francesas citadas y con las versiones del propio

[3] Tomás Segovia, *op. cit.*, pp. 175-217.

[4] Nayelli Castro Ramírez, *Jacques Derrida traductor, Jacques Derrida traducido: entre la filosofía y la literatura*, Tesis de Maestría, El Colegio de México, 2008.

Derrida [...]. Pero ese principio me ha llevado también a una consecuencia que tal vez algunos lectores juzguen desconcertante: he retraducido a veces pasajes de los *Escritos* de Lacan, cuya traducción española "autorizada" va firmada por mí mismo.

Las traducciones se mueven, deben moldearse al nuevo contexto de recepción, un texto da lugar a múltiples interpretaciones, el sentido es movedizo, las interacciones autor-traductor-lector varían según las épocas y los espacios, y en el caso que nos ocupa, esta nota de Tomás pone de manifiesto, una vez más, el estatuto específico de las citas y de las notas del traductor: una cita, al insertarse en otro texto, se adapta al nuevo contexto, aun cuando uno se cita a sí mismo, que en este momento, es otro. Cualquier traductor digno de este nombre lo sabe. La traducción es producto no sólo de la pluma del que traduce, sino de los discursos que circulan y nos rodean. Al traducir a Bajtín, por ejemplo, Tatiana Bubnova reconocía que no traduciría 10 años después como lo había traducido en un principio.

El traductor jaloneado entre texto fuente y texto meta, entre significado y significante, entre presencia y ausencia, entre dos lenguas, dos culturas, dos mundos, Jano bifronte como dice Tomás.

Las notas del traductor constituyen un espacio privilegiado en el que el traductor emerge, sale de la fosa, adquiere visibilidad, para generalmente explicar que no le alcanza la lengua de llegada para expresar todo lo que dice el texto fuente;[5] en las llamadas NTD es donde el traductor muestra su competencia en las dos lenguas y culturas en las que se mueve. Tomás afortunadamente no abusa de

[5] Solange Mittmann, *Notas do tradutor e processo tradutório*, UFGRS, Porto Alegre, 2003.

ellas. En sus traducciones de literatura son pocas, pero cuando de Lacan y Derrida se trata, las notas abundan. Éstas y los prólogos dan cuenta de los intercambios que tuvo el traductor con el autor, y allí Segovia, al igual que cualquier traductor, busca ocupar el lugar que se merece.

Por más experimentado que fuera Tomás, por más que defendiera sus traducciones y sus textos, también reconocía sus errores y el camino recorrido. El traductor se nutre de su propia experiencia, el maestro adquirió oficio y, en sus propias palabras, fue traduciendo cada vez mejor.

En 2012, se creó el premio de Traducción Tomás Segovia, que ganó Selma Ancira, magnífica traductora del ruso al español. El que se reiniciara, muchos años después, la tradición de otorgar premios de traducción literaria en nuestro país alentó a la comunidad de traductores. Desgraciadamente, la experiencia no se repitió en 2013. Ojalá y 2014 sea más generoso con los traductores.

POR VOCACIÓN, POETA; DE OFICIO, TRADUCTOR[1]

MARTHA ELENA VENIER
El Colegio de México

Salvo denominación especial (francesa, inglesa, alemana), las librerías acumulan tomos en cualesquiera variantes del español, con peculiaridades nacionales que se descubren a la primera hojeada u ojeada. No todo el que traduce lo hace por oficio, y dice la voz pública que es trabajo mal pagado, hecho a veces a destajo. También es trabajo antiguo, que se extendió con el comercio del libro. Hay, en griego clásico, dos palabras, quizá tres, que coinciden con traducir; las dos que se le acercan son μεταγράφω (trasladar la escritura a otra lengua), μεθερμενεύω (traducción simultánea); en Tucídides, VI, 50, se lee que los atenienses capturaron a un sirio e hicieron traducir la carta, en escritura cuneiforme, que llevaba a Esparta. El verbo *verto* se usaba en latín para indicar traducción ("ex graeco in latinum sermonem vertit", Livio, 25, 39, 12; "verterem Platonem aut Aristotelem", Cicerón, *Finibus*, 1, 7), pero se volvió familiar otro término; es evidente que en algún momento *traduco* (transferir, transportar), *traductor* (el que transporta), *traductio* (el acto de transportar), se adaptaron de manera natural al sentido que ahora tienen. Sin prescindir de la Septueginta o cualquier vestigio anterior, es probable que también con esa lengua haya iniciado la traducción su

[1] Una versión de este artículo fue publicada en el *Boletín Editorial* de El Colegio de México, núm. 164, julio-agosto 2013, pp. 25-27.

camino en occidente cuando Libio Andrónico, hacia el 240 antes de era común, adaptó al saturnino, metro latino arcaico, los hexámetros de la *Odisea*. Es, pues, oficio venerable, nada simple, siempre sujeto a decisiones complejas —por lo menos para el traductor responsable— que, prescindiendo del lado comercial, extiende la comunicación, el conocimiento y, no menos, pone el plato en la mesa.

Martín Lutero: un destino, de Lucien Fevbre, fue la primera traducción de Tomás que leí, releo con frecuencia y, cuando la ocasión se presenta, doy a leer a mis alumnos, como ejemplo de prosa compleja, pero clara; tenía, además, costumbre de regalarlo durante el tiempo que estuvo en el mercado. Quien está familiarizado con el estilo de Fevbre advierte enseguida que, ahí está, pero en español, su estilo particular de escribir historia, sus preguntas constantes, las incidentales extensas y frecuentes.

No sabía entonces que, a más de su poesía y sus ensayos, Tomás destinaba buena parte del tiempo a traducir libros impensables —imagino que no todos de su gusto— en un individuo dedicado a la literatura. En esa lista larga, hay de todo: economía, historia, geografía, viajes, descubrimientos, revoluciones, biografías, cristianismo, política, relaciones internacionales, industria y también literatura y lingüística —Bretón, Nerval, Ungaretti, al lado de Harold Bloom, Frances Yates, Jakobson—; véanse, por ejemplo, *La ampliación de la Comunidad Europea*, *La crisis industrial europea y la división internacional del trabajo*, *Cuba en las relaciones internacionales*, *La frontera misional dominica en Baja California*. Son muchos para hacer constar todos. La mayoría son libros de tamaño regular, que promedian trescientas páginas; no así el inclemente *Shakespeare* de Bloom, más de ochocientas páginas saturadas de citas, tiradas extensas de versos duros, con el testimonio del original a pie de página, que Tomás hace constar en su advertencia:

> La primera dificultad de traducción... son las abundantes citas de obras de Shakespeare. Pero en este caso era imposible aceptar el desafío que supone intentar acercarse al nivel literario o poético del genio inglés: la naturaleza de este estudio imponía una versión inflexiblemente literal (o lo que solemos llamar así), en la que pudieran seguirse en detalle los comentarios del crítico.

De todos los matices de la traducción, que debemos leer cuando el original no está a mano o la lengua no es parte de nuestro acervo, el más complejo, supongo, es el que impone la buena poesía (habría que subrayar el adjetivo); pero, a veces, no es suficiente el esfuerzo. Las traducciones rítmicas de la poesía clásica, que circulan entre nosotros, dejan con frecuencia el verso oscuro, por el afán, un tanto ingenuo, de acercar, tanto como sea posible, el metro clásico al español. Las mejores versiones de *De rerum natura* de Lucrecio, que conozco, están en prosa; Antonio Alatorre optó por esa solución cuando tradujo las *Heroidas* de Ovidio.

El verso es un riesgo. Están esos imponderables que no perdonan —la métrica, la rima, si hay, la extensión de las palabras. En uno de sus artículos sobre el tema, Tomás pone, como ejemplo sencillo, "corazón", tres sílabas para una del inglés y el francés, que en prosa no tiene conflicto, pero, advierte, "para el traductor de poesía, esta circunstancia tan fortuita, arbitraria e insignificante representa todo un rompecabezas".

En esas circunstancias no hay otra solución que informar, decir de qué se trata, sin caer sólo en la interpretación, como ocurre con un verso tan simple, que se encuentra casi al finalizar la arenga, extensa y compleja, de *Enrique V*, la noche de san Crispín antes de la batalla Agincour: "We few, we happy few, we band of brothers"; ahí está el rompecabezas, porque en español el verso sale de cauce, en metro y grafía: "Nosotros pocos, nosotros pocos felices, nosotros banda de hermanos".

En su artículo "Un lenguaje intraducible" (en lo que insiste luego con variantes, "La traducción de poesía o las posibilidades de lo imposible"), comenta Tomás

> las dificultades del traductor nos han mostrado de qué manera desconcertante, de qué manera propiamente bárbara usa la lengua la poesía: podemos ahora dejarlo descansar (cosa que siempre hace falta a un pobre traductor) y quedarnos frente al poeta para preguntarle por qué se entrega a esas prácticas bárbaras con el lenguaje. Porque es, en efecto, una práctica bárbara querer ganar una partida de ajedrez gracias al tamaño de nuestras piezas o a lo impresionante de sus formas o a la delicadeza de sus colores.

Hay mucho de concreto en este párrafo: quehacer penoso, y, para Tomás, cotidiano.

Se advierte sin dificultad —comparando, por ejemplo, versiones de textos en inglés y francés— que la endogamia de las lenguas romances le daba más libertad; poemas de Nerval, los franceses de Rilke, le permiten la rima, el lado artesanal, el dominio del oficio poético; no la necesita en los italianos de Ungaretti, pero es imprescindible su prólogo a *Sentimiento del tiempo*, para orientarse con confianza en esa poesía. Destaca en esa endogamia el soneto de Valery, *Naissance de Venus*. Tomás se explaya en la coincidencia feliz de esa traducción, con la que puede demostrar que la traducción es orfebrería:

quería, simplemente, dar idea de toda la minucia artesanal, porque parece importante insistir, en esta época nuestra, en esa ética del trabajo bien hecho, que deja desplegar toda la riqueza de la praxis, y porque creo que las especulaciones sobre cosas con la traducción se vuelven vano pavoneo escolástico si no puede verse su sentido en esa práctica directa y real, y en sus minucias.

De sa profonde mère, encor froide et fumante,	De su profunda madre, aún fría y humante,
Voici qu'au seuil battu de tempêtes, la chair	la carne, en esta orilla por vientos azotada,
Amèrement vomie au soleil par la mer,	amargamente al sol por mar vomitada,
Se délivre des diamants de la tourmente.	deja de la tormenta el manto de diamante.
Son sourire se forme, et suit sur ses bras blancs	Su sonrisa al formarse sigue en sus brazos blancos,
Qu'éplore l'orient d'une épaule meurtrie,	que enjuga el orïente de un hombro magullado,
De l'humide Thétis la pure pierrerie,	de la húmeda Tetis aquel puro enjoyado,
Et sa tresse se fraye un frisson sur ses flancs.	y su trenza abre brecha de temblor en sus flancos.
Le frais gravier, qu'arrose et fuit sa course agile,	Fresca, huida y regada por su carrera leve,
Croule, creuse rumeur de soif, et le facile	se hunde la arena, hueco rumor de ser, y bebe
Sable a bu les baisers de ses bonds puérils;	el fácil suelo el beso de sus pueriles saltos.

Mais de mille regards ou perfides ou vagues,	Pero con mil miradas de perfidia o de ambage,
Son œil mobile mêle aux éclairs de périls	su móvil ojo mezcla rayos de sobresaltos,
L'eau riante, et la danse infidèle des vagues.	agua rïente, y danza infiel de oleaje.

Prescindiendo de la gran cantidad de versos que debió trasladar en el libro de Bloom, basta remitirnos al soneto (místico lo llaman, aunque sería necesario añadir, como rasgo destacado, también violento) de Donne, "Batter my heart three personed God", y a Hamlet. En ambos Tomás entra en batalla consciente —aunque la estrategia es diferente— con la peculiar métrica inglesa en la que no encuentra mucha lógica, porque, explica, "siempre he desconfiado de la descripción tradicional y aceptada de la métrica inglesa, que se nos da como una serie de reglas, en cuya aplicación hay siempre un altísimo porcentaje de excepciones, cosa que suena más bien disparatada, aunque no me siento bastante autorizado para impugnarla abiertamente".

En el soneto de Donne, traducido en alejandrinos, prescindiendo de la rima, queda el relato, lo que el soneto dice, porque es imposible transmitir otra cosa incluso procurando conservar el retumbar agresivo y continuo del texto original. Si no fuera suficiente leer en voz alta el texto, bastaría oír el aria del primer acto de Doctor Atomic, ópera de John Adams, en la que el barítono, Gerald Finley, añade énfasis en casi cada monosílabo: for you as yet but knock, breath, shine... break, blow, burn...

Con Hamlet es diferente. Precede al texto en español la explicación meticulosa de cómo se adapta la variedad métrica del drama, no difícil de seguir, sino de conservar en la memoria para que acompañe la lectura. En conclusión, advierte,

> ...conservo todas las anomalías, rarezas e "incorrecciones" del original (zeugmas, anacolutos, hipálages, prolepsis, inconsecuencias gramaticales, etc., etc.) y sólo las suavizo o corrijo cuando me es absolutamente imposible mantenerlas en español. Ser fiel, por supuesto, no es ser literal (la literalidad en traducción es la peor infidelidad), pero tampoco parafrasear libremente. Lo que yo quiero no es que mi texto sea muy bello o "muy bueno", sino que, siendo enteramente español, sea a la vez "muy Shakespeare". Esa fidelidad me lleva a traducir en prosa toda la prosa, en verso blanco todo el verso blanco, en verso rimado todo el verso rimado.

Explicación necesaria y más razonada que la de Gide, quien, después de traducir dos veces el drama, llegó a la conclusión de que "para escribir buen francés, es necesario alejarse mucho de Shakespeare".

Tomás resuelve con "de eso se trata" el "that is the question" en el primer verso del famoso monólogo. Es elección afortunada, porque consigue así disminuir, como corresponde, la solemnidad que la mayoría, lectores e intérpretes, le atribuyen; con esa frase que parece mal escogida, porque suena algo irreverente, reduce la expresión a un tono casual, puesto que la escena lo dicta. Hamlet cree que está solo, habla consigo; no necesita poner énfasis en la frase.

Pero es de preguntar por qué Tomás transforma en oración final, "morir para dormir", una simple yuxtaposición, "to die, to sleep", aunque no es el primero que vierte así la frase; Fernández de Moratín, en el siglo XVIII, optó por esa traducción. Lo mismo se podría preguntar de algunos versos que alarga, "the insolence of office", puesto aquí como "la insolencia de aquel que posee el poder" o por qué convertir un simple fly en "abalanzarnos". Pero Tomás medía los versos, de modo que es necesario leer este monólogo complejo —tan vivo aún hoy, porque la enumeración de iniquidades que aquejaban su siglo está vigente— con su manual al lado. Sin duda, no traslada sólo el sentido, porque estaba muy consciente de esa separación que se impone a veces a la traducción: "lejos de mí —dice a propósito de su versión de Atalía— la estupidez pretenciosa de los traductores que 'arreglan' el texto o que traducen lo que ellos llaman 'el sentido' y creen que es lo contrario de 'forma exterior'...; en un lenguaje lo que es lo dicho y lo que es el modo de decirlo no hay diablo que los separe limpiamente a satisfacción de todos". Creo que el párrafo es buen colofón para discusiones interminables sobre este oficio.

HISTORIA DE UNA TRADUCCIÓN. *DIOS* DE VICTOR HUGO (VERSIÓN DE TOMÁS SEGOVIA)[1]

José María Espinasa

Quien se tome el trabajo, nada fácil, de reunir la bibliografía completa de las traducciones de Tomás Segovia se encontrará con un universo asombroso, resultado de una constancia titánica, que sólo se puede entender cuando en *El Tiempo en los brazos*, volumen I, leemos frases como ésta: "en nueve días traduje todas *Las Rosas* de Rilke". Y cuando se observa el resultado —la edición de los *Poemas franceses* del autor de las *Elegías de Duino* por Pre Textos— uno se da cuenta de que a la enorme capacidad de trabajo convergía una gran capacidad de sintonía con el autor o la obra traducida, y con su sentido literario en español. Tenemos la suerte, además, de que *Las Rosas* de Rilke también las tradujo Eduardo Lizalde y podemos hacer un ejercicio de comparación entre dos notables versiones.

Al igual que en sus cursos o en sus ensayos sobre el tema, Segovia lo primero que se planteaba era qué significaba esa obra, ese poema, en el idioma original y qué significaba esa cuestión para el español. Por ejemplo —y se lo escuche decir varias veces— al traducir a autores que no le entusiasmaban, como Breton, o a figuras menores —Gautier no es Nerval, evidentemente— seña-

[1] Una versión de este texto apareció en la *Revista de la Universidad de México*, julio de 2013, núm. 113, pp. 35-38.

laba la necesidad de hacer palpable en español la musicalidad del francés a la vez que transmitir el contexto, la condición de época o momento de la historia. Que al leer a Gautier en español sintiéramos (y pudiéramos decir) como Baudelaire, que ése era el gran artista o, a la manera de Eliot, "il miglior fabro". El dilema de la lengua de partida y su tránsito a la de llegada era un abismo que había que afrontar.

En muchas pláticas de sobremesa, conferencias y conversaciones a propósito de la traducción de poesía Segovia se reía de esas asociaciones de traductores que imponían un tabulador: diez centavos de dólar por palabra, y que terminaban por pagarte por traducir un libro de haikus —tarea harto difícil— algo así como cincuenta dólares. Y acababa siempre concluyendo que traducir poesía, como escribirla, es un trabajo que se sustrae al comercio. Y que se termina haciéndolo por puro gusto.

Eso: gusto, fue lo que le brilló al poeta en los ojos cuando unos cuatro años antes de su muerte, y al impulso de alguna de sus recurrentes reflexiones sobre el Romanticismo, Minerva Margarita Villarreal lo impulsaba a traducir *Dios* de Victor Hugo con un irresistible "yo te lo publico". Ese yo tan imperativo no correspondía exactamente a ella sino a la Universidad Autónoma de Nuevo León y a ese yo colectivo que es La Capilla Alfonsina de la UNL y su colección El Oro de los Tigres, colección que le había llamado la atención a Segovia desde que conoció sus primeras series.

Tomás Segovia traducía poesía por gusto pero le gustaba que sus traducciones se publicaran. Por eso la segunda parte de la frase resultaba muy importante: te lo publico. Y, además, la traducción tenía su historia. Segovia nos contó, a ella y a mí y a muchos otros, pues lo contaba a la menor provocación, que cuando salió de España con su familia en 1939, primero a Francia, luego a Marruecos (Casablanca), el libro que lo había marcado, a los doce o trece, años había sido *Dios* de Victor Hugo.

Ya en México se había aventurado a traducir el difícil metro francés de Hugo en unos alejandrinos castellanos admirables. Y, aunque no era del todo cierto, presumía de recordar con su memoria prodigiosa la traducción que había hecho, misma que al llamar la atención de Raimundo Lida, lo había llevado como becario a El Colegio de México de Alfonso Reyes, Cosío Villegas, Cernuda, Gaos, Alatorre, etcétera.

Lo que no sabía Segovia es que el libro completo de Victor Hugo, no la edición que entonces había manejado, misma que después pudo ver precisamente en el Fondo de la Capilla Alfonsina, era mucho más extenso de lo que pensaba. Eso, sin embargo, no lo arredró y en los últimos años de su vida trabajó con entusiasmo en la traducción que hoy se publica.

Con el tiempo, estoy seguro, descubriremos sus valores filológicos y literarios, pero hoy me interesa hablar más de su carácter simbólico en el contexto de la obra del propio Segovia. Que fuera a la vez inicio y colofón de su vocación literaria le da al libro una condición de cierre tan preciso que parece imaginada por el demiurgo. Yo no soy religioso pero puedo decir emocionado que Segovia tradujo este libro preparándose para reunirse con Dios. En las últimas páginas de *El tiempo en los brazos*, aún inéditas, Segovia consigna haber terminado la traducción y sentirse liberado.

Un primer impulso me llevaría a decir de inmediato que Segovia tampoco era religioso. Pero desde su muerte hace un año y medio, que he releído los dos extensos volúmenes de sus diarios de trabajo, y muchos de sus ensayos y poemas, ya no estaría tan seguro. La preocupación de lo sagrado está siempre presente en su reflexión y la de la iluminación en su poesía. Pero incluso el problema de Dios como dilema religioso también lo está. Lo que ocurre es que se trata de un asunto claramente romántico, su tema nuclear. Y si bien es cierto que el Romanticismo tiene un aspecto escéptico, también lo es que su desconfianza ante el mundo termina transformada en fe. Y la fe es un sentimiento que se basta a sí mismo, que no exige su comprobación. O, todavía mejor, que se comprueba al ser experimentada, sentida, vivida interiormente y no verificable externamente.

Una de las razones por las que Segovia admiraba tanto el Romanticismo fue por el papel que asignaba a la poesía, al arte y a la creación en general. Y probablemente en ningún otro escritor romántico es tan evidente ese papel como en Victor Hugo. Sus libros no sólo fueron la conciencia de su tiempo, en cierta manera lo siguen siendo del nuestro. La expresión "conciencia de su tiempo" no lo quiere volver una antigualla, asunto de profesores o museógrafos. Y la traducción de Segovia, por esa búsqueda de significar en español hoy, lo vuelve actual. Victor Hugo reescribe *Dios* en español a través de la pluma del autor de *Anagnórisis*. Es el intervalo entre las voces a lo que llamamos cultura o, en otro nivel, humanidad.

Segovia traducía de oído. ¿Qué quiero decir con esto? Que se metía en el ritmo interno del poema; el primer paso era impregnarse de su ritmo, de su léxico, de su sintaxis, de sus elementos fechados, del tiempo reflejado en sus versos. Una manera de comprender previa a la comprensión como tal. Escuchaba lo que el texto tenía que decirnos y ponía en juego todos los recursos del idioma a su alcance para serle fiel. En sus ensayos la preocupación por diferenciar e incluso oponer lo fiel a lo literal es una de las grandes enseñanzas a los traductores. Y en el caso de la poesía esa fidelidad es una condición del ser. Por eso señalaba una y otra vez la trampa implícita en la frase que señala que la poesía no se puede traducir, tomada literalmente, para agregar que si se tomaba a la realidad como testigo fiel, se mostraba que la poesía no sólo se puede traducir, sino que en cierta forma se traduce siempre.

Esa conciencia de la traductibilidad le viene, creo, de su vida con las lenguas. No me refiero sólo al hecho de que fuera un conocedor de los vericuetos de la lingüística y la semiología (tradujo a muchos de los grandes autores de esa disciplina con tino, y los discutió también con fuerza y rigor), sino a que de niño convivieran en él el francés y el español, convivencia que se volvió con el tiempo metáfora del exilio: como tantos otros exiliados españoles, se volvió escritor para señalar que de su lengua no podían exiliarlo. Después el inglés, el italiano, y lo recuerdo asistiendo a unas clases de alemán que sin embargo no tuvo la disciplina de proseguir.

También los acentos: el español de México, el de Madrid, el de Culiacán, el de Montevideo, etc. Si por rastreador entendemos a quien sigue el rastro, tal como él lo entiende en su libro final *Rastreos y otros poemas*, diríamos que Segovia también fue un oidor. Tal vez algunos recuerden que esa palabra se usaba en la época de la Colonia para describir a un importante cargo jurídico que testificaba nada más y nada menos que la verdad. De allí también viene el término de *Audiencia* para designar al lugar donde se rinden testimonios y declaraciones.

Más allá de los usos y malusos de los términos, es evidente que en ellos se trasluce que la verdad no se ve sino que se oye, sobre todo se escucha. No para verificarla sino porque ella, la verdad, está hecha de escucha. Al empaparse, término más sensorial que sonoro, de la cadencia del texto Segovia entraba como traductor en algo que también le pasaba como escritor en sus poemas largos, en una especie de trance rítmico. La expresión popular "le salían de carrerilla" describe bien lo que ocurría. Creo, por ejemplo, que eso le ocurrió con Shakespeare en *Hamlet* y que le ocurrió de manera todavía más subrayada con *Dios* de Hugo.

Tomemos ahora en cuenta otro elemento. Tomás se ganó la vida la mayor parte del tiempo como traductor. Para el FCE, para Siglo XXI, para Joaquín Mortiz, para Pre-Textos, Galaxia Gutenberg o Anagrama. Su prestigio para medírsele a textos difíciles —como los *Escritos* de Lacan— trajo incluso agrias polémicas y no pocos sinsabores para el poeta. Pero una de las razones que tuvo para traducir mucho fue que la oficina se lleva a cuestas, el texto original y la máquina de escribir bastan. Uno podría decir que también en el trabajo de profesor se lleva el aula a cuestas y ella está donde está el profesor, pero es una frase con un nivel metafórico más pronunciado. El traductor, en cambio, es un personaje paralelo del nómada, la figura emblemática de la poética de Segovia: el que lleva la casa, o la patria, a cuestas.

Hacer correr paralelamente las líneas del exilio, el nomadismo y la traducción resulta de una gran riqueza. El exiliado, a diferencia del conquistador, no utiliza la lengua como un arma, sino como un don. Grecia, derrotada militarmente por Roma, la conquista con la lengua, el arte y la cultura. O mejor dicho: la seduce. El niño que percibe, siente en el sentido más inmediato, el gesto de alegría que hace esa mujer a la que llama mamá, sabe para siempre que el lenguaje es seducción. Décadas después dirá "te quiero" con la misma intención. Y el exiliado sabe que su única esperanza es seducir. El nómada busca lugares en los que ese "te quiero" suene nuevo, siempre primero y nunca por última vez. El que traduce sabe que cambiar de lugar es también cambiar de lengua: te quiero, *I love you*, *je t'aime*, *Ich liebe dich*!, etc. Querer no es, para el exiliado, el nómada o el traductor, una cuestión de sintaxis sino de geografía. Ése es el sentido del habla en los románticos. Si el antropólogo piensa que el hombre es un animal que habla, el poeta lo corrige y le dice: el hombre es un animal al que le hablan y escucha.

Hace unos cuatro años, para la primera aparición de *El oro de los tigres*, hablé de la importancia de traducir y publicar poesía. El aspecto generoso del gesto es importante pues nos distancia de pretensiones individuales, protagonismos o ambiciones inmediatas. Victor Hugo no necesita que lo promuevan, tampoco Tomás Segovia, pero publicar *Dios* de Victor Hugo en traducción de Tomás Segovia y en edición bilingüe es un verdadero acontecimiento. Ya mencioné antes que funciona de broche de oro a la trayectoria como traductor de uno de los poetas contemporáneos más importantes de la lengua española.

Como digo, este regalo a los lectores de poesía habrá que saborearlo durante largo tiempo y sacarle el mayor jugo posible. Uno de los que me parece más inmediato es la posibilidad de regresar al verso alejandrino, ese que Darío y los suyos parecían haber agotado con su genio. En los últimos cien años, todos recordamos grandes poemas en endecasílabos o en versículos o en verso libre, décimas o liras, sextinas y sonetos, pero ¿en verso alejandrino? Creo que son pocos los ejemplos de gran poesía. Cuando Segovia habla de ser fiel al sentido del texto original en la traducción no propone una dicotomía tipo forma y contenido, pues sabe que el sentido está en ambas partes o, mejor dicho, en el todo que forman y —precisamente— no en alguna de sus partes.

El alejandrino, verso de catorce sílabas, es —nos decía Tomás en sus cursos de métrica— el verso más extenso del español, y hay quien discute si no es en realidad dos de siete o nueve y cinco. Y agregaba: Gilberto Owen ha intentado versos con un mayor número de sílabas y casi lo consigue. Para muchos de nosotros el alejandrino viene a la memoria, incluso si no sabemos que así se llama con "La sonatina" de Darío: "La princesa está triste, qué tendrá la princesa", prodigio rítmico. En otro poema, más denso y profundo, Darío señala su filiación: "Con Hugo fuerte y con Verlaine ambiguo". Es una lástima que Segovia no hubiera alcanzado a escribir un prólogo para su traducción de *Dios*, pues seguramente, como hizo con *Hamlet*, nos había señalado su búsqueda y su intención rítmica y en pocas líneas sintetizado una concepción del verso.

He de confesar que mi oído de lector de poesía es reacio al alejandrino: me suena grandilocuente. Y sin embargo al leer esta versión de *Dios* nos atrapa la naturalidad del verso; ya no tiene —cierto— ese afán cantarín del modernismo, sino la sencillez o verosimilitud del verso. Hay que recordar que, si bien ese verso es de origen francés y llega a nosotros con el Mester de Clerecía, su gran influencia en la literatura modernista se da sobre todo reflejado en el metro italiano. No los voy a aburrir con historia literaria. Sólo señalar la importancia que puede tener la aparición de este libro.

Creo, por ejemplo, que habría hecho las delicias de Alfonso Reyes, figura tutelar de nuestra literatura y desde luego de La Capilla Alfonsina, que lo publica. Que se edite bajo su manto protector es una reconciliación más allá de la vida biológica en la conversación de la poesía que tanto celebró Quevedo. Reyes y Segovia, el gran maestro y la joven promesa de los años cincuenta, no tuvieron una relación fácil. Aquí están juntos en lo que les gustaba más a ambos: la literatura.

Este facsimilar de
Homenaje a Tomás Segovia. Maestro ensayista, traductor y sobre todo poeta
es propiedad de El Colegio de México
y se terminó de imprimir en Librántida bajo
el modelo de distribución bajo demanda.
www.librantida.com

Made in United States
North Haven, CT
10 November 2026

22084234R00088